AF175824

Gran Canaria
lieben lernen

*Der perfekte Reiseführer für einen unvergessli-
chen Aufenthalt auf Gran Canaria inkl. Insider-
Tipps, Tipps zum Geldsparen und Packliste*

Melina Saathoff

✈ INHALT

Die vier schönsten Hotels 76

Das erwartet Sie in diesem Buch

Sie spielen mit dem Gedanken, eine Auszeit zu nehmen und auf die Insel Gran Canaria zu fliegen? Einfach einmal Urlaub zu machen, fernab der Arbeitswelt, neue Kulturen kennenzulernen und ein neues Land zu entdecken? Dann haben Sie mit dem Kauf dieses Erzähl-Ratgebers die richtige Entscheidung getroffen.

Urlaub braucht jeder in seinem Leben, auch wenn viele sich das nicht eingestehen wollen. Doch Urlaubsreisen müssen nicht zwingend sofort zu Buchungs- und Planungs-Stress führen. Denn vor allem heutzutage gibt es sehr viele Möglichkeiten und Sehenswürdigkeiten, dem Urlaub entspannt entgegenzutreten. Die Kanarische Insel Gran Canaria bietet so viele erlebenswerte Geheimtipps und -tricks für jedermann. Und darum soll es in diesem Buch gehen.

Sie erfahren alles in diesem Buch, was ich selbst bei meiner Reise erlebt habe, was Sie unbedingt erleben müssen und welche kulturellen Highlights auf Sie zukommen können – vorausgesetzt, Sie wollen dies. Denn mit den persönlichen Erfahrungen, gepaart mit Insider-Tipps zum Geldsparen, wird Ihr Urlaub gewiss zu einem Traumurlaub. Ein Highlight, von dem Sie sicherlich noch Jahre lang erzählen und träumen werden.

Erstellen Sie sich mit den Informationen aus diesem Erlebnis-Ratgeber Ihr persönliches und individuelles Reiseprogramm für jeden Tag. Damit ist Ihr Urlaub schnell und sicher geplant und Sie können die Reise ohne unnötigen Stress von Ungewissheit, Unentschlossenheit und Panik antreten.

All about Gran Canaria

ZAHLEN, DATEN, FAKTEN

Bevor wir mit den Reise-Highlights beginnen, hier noch einige interessante Fakten zur Kanarischen Insel. Nach Teneriffa und Fuerteventura stellt Gran Canaria die drittgrößte Kanarische Insel dar. Und das gerade einmal mit einer Gesamtfläche von 1560,1 Quadratkilometern.

Wahnsinn, wenn man bedenkt, dass die Insel gerade einmal an einem einzigen Tag mit dem Auto abgefahren werden kann. Immer noch nicht vorstellbar? Dann hier noch weitere Zahlen und Fakten: Gran Canaria ist annähernd kreisförmig aufgebaut mit einem Durchmesser von ca. 50 Kilometern.

Dabei weist sie eine stolze Küstenlänge von rund 236 Kilometern auf.

Pro Quadratkilometer leben gerade einmal 531 Einwohner aufeinander. 2018 hatte Gran Canaria 859.835 Einwohner, welche vorwiegend vom Tourismus auf der Insel leben. Und das können Sie auch, denn viele Menschen nutzen die Kanarischen Inseln zum Überwintern.

Auch wenn die Insel nahe am afrikanischen Kontinent liegt, gehört Gran Canaria zum Land Spanien. Wie es dazu kam, erfahren Sie im nachfolgenden Kapitel zur Geschichte.

INSEL-GESCHICHTE

Die Insel-Geschichte von Gran Canaria beginnt bereits 1100 bis 800 v. Chr. Als erste aller Entdecker kamen die Phönizier mit spanischen Galeonen vom Festland aus Cadiz über den großen Ozean geschifft.

Zu dieser Zeit bevölkerten die Guanchen, auch als Altkanaren bezeichnet, die Insel als Ureinwohner. Guanchen lebten als primitives Völkchen in Höhlen oder unter Felsvorsprüngen auf der glücklichen Insel.

Auch heute noch leben einige der Ureinwohner in den Bergen Gran Canarias in kleinen Höhlen mit wenigen Zimmern auf das Nötigste beschränkt. Wer Glück hat, kann sich von dieser Lebensweise selbst ein Bild machen – ich konnte es auf meiner Reise. Kaum vorstellbar für mich, so zu leben.

Einfache Tongefäße, Werkzeuge und auch Waffen sind auf Gran Canaria Zeitzeugen dieser antiken Zeit. Über die Insel selbst gibt es viele Mythen. Einst galt die Insel sogar als das versunkene Reich von Atlantis. Andere behaupten, die Kanaren waren nur mit Menschen samt sorgenfreies Leben bevölkert und dies irgendwo am Ende der Welt.

Einige wenige Zungen sind derzeit sogar der Meinung, dass Gran Canaria bereits viel, viel früher besiedelt wurde, etwa so ab 3000 v. Chr. Was nun der Wahrheit entspricht und was nicht, werden wir wohl niemals erfahren. Doch sind sich alle in einem einig: Die Besiedelung erfolgte wahrscheinlich mit der Theorie, die Ureinwohner von Nordafrika, welche den Berbern zugehörig waren, müssen übergesiedelt sein.

Fernab des Festlandes lebten die Guanchen ein friedliches und vor allem ruhiges Leben. Die Guanchen kleideten sich in Felle, bewirtschafteten Felder und lebten vorwiegend von den landwirtschaftlichen Erträgen und dem Fischfang. Über 1.000 Jahre war die Insel frei von jeglichen Kriegen.

Leider kamen im 14. Jahrhundert Portugiesen, Italiener und Katalanen auf die bis dato vergessene Insel. Und mit ihnen das Leid der Ureinwohner. Diese wurden als Sklaven in fremde Länder entführt und der Tiere beziehungsweise ihres Landes beraubt.

Im 15. Jahrhundert ergaben sich die Kanaren den Spaniern. Trotz des großartigen Wiederstandes wurde die Insel im Jahr 1483 durch den Spanier Pedro de Vera offiziell erobert. Fünf lange Jahre lang wurde das Volk unterworfen. Viele der Guanchen ließen in einem erbitterten Kampf ihr Leben. Wer überlebte, wurde versklavt und mit einem neuen Glauben versehen. Aufgrund dieser ganzen Gewalt starben diese Völkchen aus.

Ab dem 16. Jahrhundert wurde Gran Canaria durch den Anbau von Zuckerrohr geprägt. Daneben viel Wein exportiert und verstärkter Sklavenhandel aus Nordafrika durchgeführt.

Im 19. Jahrhundert erhielt Gran Canaria einen zusätzlichen Aufschwung durch die Entdeckung der Schildlaus der Feigenkaktee Cochenille. Diese liefert einen begehrten roten Farbstoff (das sogenannte Scharlachrot) zum Einfärben von Leder, Wolle und Seide. Mit der Entdeckung von synthetischen Farbstoffen kam auch dieser Wirtschaftszweig zum Erliegen. Die Folge daraus: Industrielle Not.

Die Bewohner konnten trotz erbitterten Einsatzes nicht die Unabhängigkeit von Spanien erlangen, weshalb eine hohe Auswanderungswelle nach Venezuela und Kuba begann.

Im Jahr 1912, also zu Beginn des 20. Jahrhunderts, errichtete die spanische Regierung auf den Kanaren ein eigenes Gremium. Diese brachte den industriellen Wiederaufschwung mit sich. Endlich konnte sich die Insel trotzt beschränkten Rahmens selbst verwalten. Im Jahr 1927 führte dies zur Teilung des Archipels in die zwei großen Provinzen Gran Canaria und Teneriffa.

1982 wurde den Kanarischen Inseln sogar der Status der Autonomen Region zuteil. Bis heute ist Gran Canaria eine der wertvollsten Lieferanten von natürlichen Cochenille und lebt vom jährlichen Tourismus.

LAGE UND BESCHAFFENHEIT

Auch wenn die Geschichte von Gran Canaria noch so interessant und aufregend ist, genug davon. Schließlich wollen wir uns mit dem Urlaub auf der Insel beschäftigen. Deswegen nun ein paar Fakten zur Lage und Beschaffenheit der Kanarischen Insel.

Gran Canaria gehört zur Inselgruppe des Kanarischen Archipels und liegt somit im Atlantischen Ozean. Sie liegt gerade einmal 210 Kilometer westlich der Küste Südmarokkos zwischen ihren beiden größten Nachbarinseln Fuerteventura im Osten und Teneriffa im Westen. Geographisch gesehen gehört die Insel somit zu Afrika, aber politisch wegen ihrer bewegten Geschichte zu Spanien.

Wie der gesamte Archipel auch, ist Gran Canaria vulkanischen Ursprungs. Genau das macht die Insel und ihre einzigartige Vegetation aus. Die höchste Erhebung stellt der Morro de la Agujereada mit seinen 1.956 Metern dar. Dennoch gilt als Wahrzeichen der 1.813 Meter große Roque Nublo. Nach aktuellem Stand, entgegen von früheren Annahmen, sind die im Norden gelegenen Vulkane Gran Canarias weiterhin aktiv. Und das obwohl die letzte Eruption der Insel bereits 2.000 Jahre zurückliegt. Als „Miniaturkontinent" wird die Insel liebevoll aufgrund ihrer sowohl geographischen als auch klimatischen Vielfalt und ihrer sehr differenzierten Flora und Fauna genannt.

Stellen Sie sich einmal vor: Diese verhältnismäßig kleine Insel besitzt alleine bereits 14 verschiedene Klimazonen! Kaum vorstellbar, wenn ich das nicht mit eigenen Augen gesehen hätte. Sogenannte Barrancos, also viele Trockentäler, führen aus dem Bergland im Inselinneren bis an die Küste.

Diese Barrancos füllen sich dann bei den recht ergiebigen und trotzdem seltenen Regenfällen zu teilweise reißenden Sturzbächen. Hier ist dann allerhöchste Vorsicht geboten. Die Bachtäler werden zum Schutz in den bewohnten Gegenden deshalb ausgebaut und befestigt.

ARTENREICHE UND EINZIGARTIGE VEGETATION

Auf meiner Reise beschäftigte ich mich bei einer Tagestour mit den unterschiedlichen Klimazonen und der daraus resultierenden Vegetation, welche genauso vielseitig ist. Die unterschiedlichen Vegetationszonen der Insel entstanden durch eben dieses regional variierende Klima.

Hoch im Norden herrschen von Natur aus Lorbeerwälder, während es im Süden heiß hergeht und das Landschaftsbild von einer Halbwüstenvegetation geprägt wird. Wolfmilchgewächse angepasst an die Trockenheit dominieren hier. Berühmt wurde diese Kanaren-Wolfsmilch aufgrund des kakteenähnlichen Aussehens. Daneben sind zudem verholzte, strauchhohe und dickblättrige Natternkopf-Arten verbreitet. Ebenfalls ausgebreitet haben sich die aus Amerika stammenden Feigenkakteen.

Die Lorbeerwälder werden neben dem Kanaren-Lorbeer auch von der Baumheide gebildet. Dort fühlen sich zudem die Kanaren-Glockenblumen wohl, da sie dort von Natur aus vorkommen.

Aufgrund der intensiven Nutzung der Insel durch den Menschen schrumpften die Lorbeerwälder zu einem kleinen Rest, denn die hochmontanen

Regionen werden von Kiefernwäldern aus den Kanaren-Kiefern eingenommen.

Fun-Fact: Als ich das erste Mal mit dem Bus zum Hotel gebracht wurde, dachte ich: „Oh mein Gott, hier wächst ja gar nichts! Außer vielleicht ein paar Sträuchern und Gestrüpp." Doch dann kamen wir an ein paar richtig grünen und gut bewachsenen Wiesen vorbei. Es stellte sich jedoch heraus, dort, wo man diese grünen Wiesen sieht, liegen Golfplätze, welche regelmäßig bewässert werden, denn regnen tut es auf Gran Canaria ja viel zu selten für eine grüne Vegetation.

KLIMA UND DIE PERFEKTE REISEZEIT

Im Einflussbereich der Passatwinde liegt die Insel Gran Canaria, welche auf der Nordhalbkugel von Nordosten her herandrängen. An den Inselbergen werden diese zum Aufsteigen gezwungen. Dies führt an den Nordhängen für zum Teil sehr ergiebige Niederschläge, jedoch meist nur in Form von Nebel.

Da die Insel klimatisch in etwa zweigeteilt ist und der Norden eher Feuchtigkeit aufweist, herrscht im Süden eher Trockenheit. Verstärkt wird die trockene Südinsel durch den Einfluss von Sahara-

Winden, sprich sehr trockenen Winden aus der Sahara. Dieses Wetterphänomen wird als Calima bezeichnet und reicht von kaum merklichen Temperaturerhöhungen bis zu starken Winden vereint mit Sand und einem Temperaturanstieg am Tag bis zu 50 °C und nachts bis hin zu 40 °C.

Während dieser Phase ist von einem Aufenthalt auf Gran Canaria eher abzusehen. Durch den Sand in den Winden wird die Sichtweite extrem eingeschränkt und das Klima macht einem kreislauftechnisch ganz schön zu schaffen. Grundsätzlich gibt es jedoch für Gran Canaria keine perfekte Reisezeit, da es das ganze Jahr über angenehm warm ist.

Mit durchschnittlich 23,1 °C am Tag und 7,5 Sonnenstunden lässt es sich auf der Insel auch sehr gut überwintern. Die heißesten Monate bilden der August, September und Oktober mit über 25 °C. Perfekt für alle, die heiße Temperaturen bevorzugen.

Die Einwohner

DAS EINFACHE LEBEN DER INSEL-BEWOHNER

Das Leben der Insel-Bewohner ist genauso vielseitig wie die Vegetation. Gut die Hälfte der Bevölkerung lebt in der Hauptstadt Las Palmas und hat sich der modernen Welt angepasst. Las Palmas ist ein Ort mit einer großartigen und ethnischen Vielfalt, geprägt von einem sehr weltoffenen Image.

Einige wenige der „Ureinwohner" Gran Canarias leben bis heute noch in ihren kleinen Höhlenwohnungen. Wer durch das Land reist, sieht einige dieser Felsenbehausungen von Weitem, da einige der Bewohner Flaggen vor der Höhle hängen haben oder sich eine größere Höhle durch einen besonderen

Eingang hervorhebt. Diese stellen in den allermeisten Fällen kleinere Höhlen-Kirchen dar.

Die Mehrheit der Bewohner Gran Canarias stellen Nachkommen der spanischen Eroberer, Besiedler und einige wenige angepasste Guanchen dar. Sie sind freundliche, stolze und stets entspannte Menschen. Sie strahlen eine ansteckende Ruhe und Gelassenheit aus und erfreuen sich sichtlich des Lebens ohne viel Luxus. Ein extremer Kontrast zu unserem modernen Leben in einem Industriestaat.

Im Allgemeinen sind die Menschen auf der Insel sehr hilfsbereit und offen. Sie freuen sich darüber, den Insel-Besuchern ihre besondere Kultur und die Insel an sich zeigen zu können. So gut aufgenommen wie dort, fühlte ich mich bisher selten in einem der Urlaubsländer. Bereits von Weitem wird man durch die Einwohner mit einem freundlichen Lächeln begrüßt und darf sich auch gerne traditionelle Höhlenwohnungen und -kirchen ansehen.

Sehr früh schon galt Gran Canaria als die Auswanderinsel. Kein Wunder, galten die Kanaren schon sehr lange als eine Brücke zwischen Europa und dem afrikanischen beziehungsweise amerikanischen Kontinent. Es war nur eine logische Folge daraus, dass sich bereits in früheren Zeiten einige Menschen anderer Nationen auf den Inseln niedergelassen haben. Insbesondere Völker von Seefahrern oder Händlerfamilien fanden auf Gran Canaria eine neue Heimat. Die Nachkommen der eingereisten Familien sind vollständig integriert und niemand würde nur auf die Idee kommen, ihnen den Status als wahre Canarios abzusprechen.

Kultur und Tradition wird bei den Canarios großgeschrieben. Kein Wunder also, dass fast 96 Prozent der Inselbewohner sehr traditionsbewusste Katholiken sind. Dies macht sich gerade an den religiösen Feiertagen deutlich bemerkbar. Überall auf der ganzen Insel finden besonders in der Semana Santa (der Heiligen Woche) große Feierlichkeiten statt.

Kleiner Insider-Tipp: Wer sich selbst mit dem Glauben identifizieren kann und etwas ganz Besonderes erleben möchte, reist genau zu dieser Zeit auf die Kanaren. Wie die Canarios die Feiertage zelebrieren, lässt sich mit Worten kaum beschreiben. Man muss es einfach selbst erlebt haben.

EINHEIMISCHES ESSEN

Die Küche von Gran Canaria vereint traditionelle spanische Speisen mit afrikanischen und lateinamerikanischen Einflüssen. Die Grundlage vieler Gerichte bilden sowohl Obst und Gemüse als auch Fisch. Fleisch dagegen stellt zumeist eine Zutat in vielen Eintöpfen in Kombination mit Gemüse, Kartoffeln oder Nudeln dar.

Ein wichtiger und nicht mehr wegzudenkender Bestandteil in der Küche Gran Canarias stellt das Gofio dar. Es ist ein traditionsreiches Grundnahrungsmittel, welches in keinem Haushalt fehlen darf. Gofio ist ein feines, gemahlenes Mehl aus Gerste, Weizen und Mais. Viele Eintöpfe, Suppen, Soßen und Desserts lassen sich damit anreichern. Früher wurde das Mehl zu Tortillas und Brot verbacken und somit als Beilage zu Fisch- und Fleischgerichten gereicht. Grund hierfür ist, dass Gofio sehr vitamin- und proteinreich ist und damit die nötige Energie für die Arbeit geliefert wurde.

Bei meinem doch sehr langen Aufenthalt in Gran Canaria kam ich persönlich nicht darum hin, das sehr beliebte Essen von der Insel zu probieren. Sowohl die Canarios als auch die Touristen lieben die papas arrugadas. Das sind Runzelkartoffeln, welche klein und besonders stärkehaltig sind. Die kanarischen Kartoffeln werden in reichlich Meerwasser zusammen mit ihrer Schale gekocht. Typisch für Gran Canaria werden zu diesen Kartoffeln die traditionellen Mojo-Saucen gereicht. In der Regel sind diese Saucen scharf, werden aber auch mild hergestellt für Besucher, welche keine Schärfe wollen. Grundlage für die Mojo-Sauce stellen hauptsächlich Knoblauch und Olivenöl dar. Diese Grundbestandteile werden zu zwei verschiedenen Saucen vermischt:

- Mojo rojo: Diese ist die rote Variante der Sauce und wird mit Paprikapulver und Chili gewürzt.
- Mojo verde: Die grüne Variante wird mit Koriander, grünen Peperoni und Petersilie angereichert.

Insider-Tipp: Wer in Gran Canaria ist, sollte unbedingt eine dieser Saucen selbst herstellen. Ich durfte dies während einer meiner gebuchten Ausflüge durch die Insel, um die Kultur und die Tradition besser kennenzulernen. Es machte nicht nur Spaß, sondern zeigte auch, wie mit wenig Zutaten und ohne Küchenmaschine etwas so Gutes produziert werden kann.

Aber Vorsicht: Wer keinen Knoblauch mag, sollte bei dem typischen Essen Gran Canarias eher vorsichtig sein. Die Canarios lieben scheinbar Knoblauch, da oftmals nicht nur die Mojo-Sauce damit verfeinert wurde.

Wer Glück hat, darf zusätzlich als Verdauungs-schnaps einen von der Insel probieren. Von den Canarios selbst gebrannt aus Kaktusfeigen, schmeckte dieser überraschend gut. Es war nur sehr schade, diesen nirgends zum Verkauf gefunden zu haben.

Weitere Spezialitäten der kanarischen Küche sind:

- Conejo en Salmorejo: Dabei handelt es sich um ein Gericht mit Kaninchen. Dieses wird über die ganze Nacht lang mariniert beziehungsweise eingelegt in frischen Kräutern und Rotwein.
- Caldo de pescado: Eine typisch regionale Fisch-suppe.
- Vieje sancochada: Gekochte Seebrasse.
- Cherne al cilaro en escabeche: Fischgericht mit Wrackbarsch mit scharfer Soße und Koriander, gereicht mit Süßkartoffeln, Kräutern und Zwie-beln.
- Sancocho: Ein köstlicher Eintopf aus Fisch, Gofio und Mojo.
- Bocadillo: Ein klassisches Baguette belegt mit

Gemüse, Fleisch und Fisch.

- Chorizo: Hierbei handelt es sich um eine typisch spanische Salami.
- Huevos mole: Beliebter Pudding aus Zimt, Zuckersirup und geschlagenem Eigelb.
- Bienmesabe: Goldbrauner, leicht zäher Nachtisch aus Honig, Eigelb und Mandelsplittern.
- Leche asada: Ebenfalls ein puddingartiges Dessert aus Eiern, Zimt, Limonenschale und gekochter Milch.

Wer jetzt auf den Geschmack gekommen ist, sollte sich vorab ein paar Tipps weiter unten suchen zu den Restaurants in Gran Canaria. Die traditionelle Küche ist ohne Vorrecherche gar nicht so einfach auf der Insel zu finden, da viele Restaurants eher typisch für Touristen kochen.

Die beliebtesten Ferienorte

Die überwiegenden Teile für touristische Unterkünfte sammeln sich im Süden des Landes an. Nachfolgend gehe ich auf die wohl größten und beliebtesten Feriendomizile ein. Natürlich verfügt Gran Canaria auch im Inselinneren über einen geringen Anteil an Unterkünften. Jedoch lebt das Inselinnere mehr von dem Tages- und Ausfluggeschäft.

BAHIA FELIZ

Bahia Feliz ist die ideale Stadt für alle Reisenden, welche einen friedlichen und ruhigen Aufenthalt auf der Insel Gran Canaria bevorzugen. Sie stellt das komplette Gegenteil zur wilden Partystadt Playa del Inglés dar. Dennoch liegt Bahia Feliz nahe genug an der Partygegend, um beide Seiten gekonnt miteinander zu kombinieren. Gerade einmal 10 Kilometer trennen beide Städte voneinander. Wer dies nicht für sich nutzt, ist meiner Meinung nach selbst schuld, denn wer in Gran Canaria ist, muss unbedingt auch einmal in der Partystadt sein Unwesen treiben.

Bahia Feliz liegt an der Südküste Gran Canarias und ist so klein, dass alles bequem per Fuß zu erreichen ist. Dennoch handelt es sich bei der Stadt um eine sehr moderne und vor allem stilvolle Stadt, in der man sich sehr schnell wohlfühlt – vorausgesetzt man liebt die Ruhe und Gemütlichkeit. Sehr schön ist der hübsche und fußgängerfreundliche Dorfplatz mit vielen Restaurants und Straßencafés. Daneben laden Parks und die Gebäude im marokkanischen Stil zu einem ruhigen Spaziergang mitten durch diesen Charme der Stadt ein.

Highlight von Bahia Feliz ist sein dunkler Kies- und Sandstrand. Ein Blickfang und dank der abgelegenen Bereiche kann man sich dort einen privaten Platz sichern. Perfekt für alle, die einzigartige Fotos ohne viel Trubel als Erinnerung schießen möchten. Das dramatische Aussehen erhält der Strand durch die Kombination von felsigen Landzungen mit dem strahlend blauen Meer. Der dahinterliegende Abschlussball ermöglicht einen einfachen Zugang zu diversen Tavernen.

Das Schönste an der Lage von Bahia ist jedoch die Nähe zu sehr vielen anderen Traumstränden von Gran Canaria. Damit können Sie bequem ein Strandhüpfen entlang der Südküste der Insel durchführen. Für die eher gemütliche Fraktion bietet sich Sangria-Trinken auf dem Dorfplatz an oder für die Abenteuerlustigen kann ein Hubschrauberflug gebucht werden, um die Kanarischen Inseln von weit oben aus zu begutachten.

SAN AGUSTIN

Aus persönlicher Erfahrung kann ich dieses Ferien-domizil in San Agustin mehr als nur empfehlen. Eine ganze Woche Urlaub in dieser Stadt war für mich einer der schönsten Urlaube überhaupt.

Das lag an der Ruhe, welche dieser Teil von Gran Canaria ausstrahlte und doch liegt das pulsierende Playa del Inglés gerade einmal die Straße hinunter und ist sogar zu Fuß erreichbar. Schön angelegt wurde hierfür ein Steg entlang des Strandes in der Nähe des Meeres. Auch für Romantik-Liebhaber ein Highlight, dort vor einer rauschenden Partynacht den Sonnenuntergang entgegenzutreten.

San Agustin liegt in einer guten Lage auf der Kanarischen Insel direkt an der Südküste. Der ruhige Ort versteckt einen oftmals menschenleeren Strand und ein eher entspannteres Nachtleben. Daneben kann San Agustin mit einigen großartigen Restaurants aufwarten.

Die Stadt hat sich gleich mit zwei sehr nützlichen und populären Nachbarn zusammengetan: Playa de Inglés samt seines sehr lebhaften Nachtlebens mit vielen Clubs und Bars und Maspalomas mit den berühmt-berüchtigten Sanddünen alla Sahara. Der Sand vom Strand bei San Agustin ist ebenfalls dunkel eingefärbt und bietet sehr viel Platz zum Sonnenbaden. Selbst wenn die Bewohner von Gran Canaria am Wochenende den Strand besuchen, ist genügend Platz für den Tourismus vorhanden. Aufgrund der geschützten Bucht von San Agustin eignet sich dieser ruhige Ort am Wasser perfekt zum Tauchen und Schnorcheln.

Die Promenade von San Agustin bis hin zu dem von Dünen gesäumten Strand bei Maspalomas ist übersät mit einigen großartigen und leckeren Fischrestaurants. Hier wird definitiv jeder Fischliebhaber auf seine eigenen Kosten kommen.

Wanderfreunde kommen bei San Agustin ebenfalls auf ihre Kosten. Um das Innere von Gran Canaria zu erkunden, führte früher als einziger Weg der Caminos Reales (Alte Wege) nach innen. Dieser wurde von den Guanchen benutzt oder von den Eingeborenen. In der heutigen Zeit sind diese alten Wanderwege der Geheimtipp schlecht hin für alle Wanderer auf dem Weg zu den Naturschutzgebieten und Nationalparks auf der Insel. Der Wanderer hat die Qual der Wahl zwischen Mischungen aus einfachen und eher herausfordernden und anspruchsvollen Wanderwegen.

Als Startpunkt für einfache Tagesausflüge liegt San Agustin schlichtweg perfekt. Egal ob es in die halbe Stunde entfernte Fataga zu den Mundo Aborigen gehen soll oder zum Schoppen in die Hauptstadt Las Palmas. Nichts ist unmöglich. Ich selbst kann San Agustin nur empfehlen, da es durch die fast schon zentrale Lage auf der Insel sowohl Bade- als auch Ausflugsurlaub bietet. Somit ist für jedermann die beste Kombination möglich und gerade Familien bietet dies die Möglichkeit, Abwechslung in den Urlaub zu bringen.

PLAYA DEL INGLÉS

Playa del Inglés ist das Reiseziel für Nachtmenschen und Partyliebhaber. Diese kommen zu einhundert Prozent auf ihre Kosten in der Partystadt.

Dennoch hat die an der Südküste Gran Canarias gelegene Stadt noch einiges mehr zu bieten als nur Clubs, Bars und Restaurants. Der Hauptwirtschaftszweig von Playa del Inglés ist in der Tat auf den Tourismus ausgelegt. Berühmt sind die Ortsteile der Gemeinde San Bartolomé de Tirajana – zu der auch San Agustin und Meloneras gehören – aufgrund des langen und vor allem breiten Sandstrandes mit den weitläufigen sahara-ähnlichen Dünen.

Der historische Ortskern von Playa del Inglés liegt etwa 23 Kilometer nördlich im Inselinneren.

Aufgrund der seit den 1960er-Jahre andauernden Bautätigkeiten verlagerte sich der Bevölkerungsschwerpunkt jedoch an die Küste. Damit wanderten auch die Behörden samt der Polizei in Richtung der Küste. Die Stadt an sich verfügt über kein klassisches Stadtzentrum.

Vielmehr sind die Einkaufszentren und Städte weit über das ganze Stadtgebiet verstreut. Wer jedoch gerne in Einkaufsstraßen gehen möchte, sollte sich entlang der Avenida de Tirajana, Avenida de Alfereces Provisionales und Avenida de Italia bewegen. Dort ist eine recht große Anzahl an Geschäften nebeneinander vertreten.

Natürlich verfügt die Stadt über den gesamten Ort verstreute Shoppingcenter wie das Cita, Kasbah, Yumbo und Metro. Dort ist das Warenangebot auf den normalen touristischen Bedarf abgestimmt. Diese Supermärkte bieten beispielsweise typisch mitteleuropäische oder britische Lebensmittel an. Daneben gibt es die typischen Souvenir-Shops und Strandartikel zu kaufen. Auch zahlreiche Bars und Kneipen wurden geschickt in die Einkaufszentren integriert. Dort können sogar Liebhaber lokaler deutscher Biermarken auf ihre Kosten kommen. Vorausgesetzt sie mögen beispielsweise Kölsch und Altbier.

In der Kategorie Fun-Beach kann Playa del Inglés ebenfalls punkten. So gilt der Strand als Sportstrand und kann mit einigen Highlights aufwarten. Wer Action liebt, kann eine Surf- oder Tauchschule besuchen, Jet Ski fahren, Parasailing ausprobieren oder eine Seereise mit dem Banana-Boot unternehmen und noch vieles mehr.

Der Strand an der Stadt zählt zu den meistbesuchten und überfüllten Stränden auf Gran Canaria. Gebiete für Jugendliche wurden dabei klar abgegrenzt und stellen den Treffpunkt von Laufbegeisterten, Surfern, Capoeira-Freaks, Kalendermädchen, lächelnden Strandarbeitern und Gruppen von Freunden, welche unter Wellen tauchen, dar.

Wer sich am Tag am Strand ausruht, kann abends in das Nachtleben starten. Von erfrischenden Cocktails über knallbunte Lichter sind in Playa del Inglés so einiges vertreten. Clubs, Bars und Diskotheken sorgen stets für einen angesagten und beliebten Partyurlaub auf Gran Canaria. Wer sich in das Nachtleben stürzt, sollte unbedingt die bekannte China White Disco besuchen.

Insider-Tipp für alle Homosexuellen: Als Reiseziel eignet sich Playa del Inglés für alle homosexuellen Paare perfekt. Mittlerweile sind in dieser Stadt sogar eigene Gay-Hotels in Betrieb genommen

worden und eigene Bars, Clubs und Discos eingerichtet. Damit wird der Wohlfühlcharakter für diese
Zielgruppe enorm erhöht. Auch auf dem Strand
überzeugt Playa del Inglés mit eigenen Strandabtei-
len für Homosexuelle.

Daneben weist die Stadt eigens für Freunde der
Nacktheit FKK-Strände und FKK-Hotels aus. Daran
merkt man schnell, wie offen diese Insel für alle er-
denklichen Zielgruppen ist. Jeder Mensch ist auf
Gran Canaria willkommen, so wie er ist, ohne sich
verstellen zu müssen. Damit hat die Insel an Tole-
ranz mehr übrig als so einige andere Länder.

PUERTO RICO

Wer einen Urlaub in Ruhe und Frieden ohne viel
Trubel und Heiterkeit sucht, trotzdem nicht im Nir-
wana landen möchte, wird sich in Puerto Rico mehr
als nur wohlfühlen und den Urlaub genießen können. Die kleine, aber sehr feine Stadt liegt im Süden
von Gran Canaria und ist nicht nur ein bekannter
Treffpunkt für Urlauber aus Europa, sondern auch
für Einheimischen. Dementsprechend hat sich die
Stadt der Zielgruppe sehr gut angepasst.

Zum beliebten Urlaubsziel wird Puerto Rico
wahrscheinlich auch aufgrund der vielen Yachten.

So zählt die Stadt als „reicher Hafen". Sie punktet mit einem angenehmen Ambiente mit vielen süßen Restaurants, einer einzigartigen Promenade und einer großartigen Naturlandschaft. So ist die Stadt eingebettet in eine atemberaubende Tallandschaft und mit einem traumhaft goldenen Sandstrand ausgestattet.

Perfekt für alle Sonnenanbeter und Ruhesuchenden. Neben der sonnigsten Stadt Gran Canarias wartet Puerto Rico mit einer zahlreichen Möglichkeit an Wassersportaktivitäten auf. Diese finden vorwiegend in einem ruhigen Gewässer statt, neben den ganzen eleganten Booten und einem renommierten Segelzentrum. Wer eine Alternative zu den oft überfüllten goldigen Strand sucht, kann es sich am Pool des Beach Clubs bequem machen. Dieser liegt direkt an der schönen Strandpromenade.

In der Nähe des Spar-Supermarkts befindet sich zudem der Le Mar Beach Club. Dieser wurde ursprünglich als öffentliches Schwimmbad Le Mar gebaut. Renoviert im Jahre 2012, bietet es seitdem seinen zahlreichen Gästen Chill-out-Musik in Kombination mit Champagner und köstlichen Cocktails. Sich hier in eine bequeme Sonnenliege legen, mit dem Cocktail in der Hand, ist definitiv entspannend. Dazu noch die kanarische Sonne und das Verwöhnprogramm ist perfekt. Besonders im Winter finden sich in Puerto Rico die unterschiedlichsten Nationalitäten ein. Neben Deutschen treffen Sie dann auch Briten und Skandinavier an. Vorwiegend, um der eisigen Kälte in dem kleinen Feriendomizil zu entfliehen.

Trotz der zahlreichen Europäer während der Sommermonate stellen dort spanische Familien die größte Besuchergruppe dar. Seitdem Familien das Stadtbild von Puerto Rico prägen, gibt es hier keine Club- oder Partyszene. Vielmehr legt die Stadt hohen Wert auf ein familiäres Erscheinungsbild. Wer dennoch die eine oder andere Strandparty erleben möchte, kann auf die nahe gelegene Playa de Amadores ausweichen und dort auf seine Kosten kommen.

Playa de Puerto Rico bietet viel in Form der Wassersportarten und dagegen ist Puerto Rico selbst eher entspannter ohne ausgefallene Unterhaltung, dafür gibt es aber sonst viel zu sehen. In der Puerto Escala sehen Sie edle Luxusyachten und Freizeitboote. Diese können Sie gut beim Ein- und Aussteigen beobachten, sofern Sie nicht selbst mit einem dieser Boote an- oder abreisen.

Wer nicht nur zusehen möchte, kann an der renommierten Segelschule von internationalen Rang verschiedene Kurse absolvieren. Ein schön angelegter Hafenweg führt zu einer Promenade. Diese verbindet Puerto Rico mit dem gerade einmal ein Kilometer entfernten Playa de Amadores. Diese Promenade eignet sich für romantische Spaziergänge mit einem wahnsinnig schönen Blick auf den Hafen und den angrenzenden Strand. Im Sonnenuntergang ein Highlight für alle Verliebten.

Die Shopping-Freunde kommen auch ganz auf ihre Kosten. Egal ob nur noch ein Souvenir für Verwandte benötigt wird oder einfach nur eingekauft werden soll, in einem der Einkaufszentren von Puerto Rico wird jeder fündig. Ja, richtig gelesen, Puerto Rico verfügt nicht nur über ein Zentrum, sondern gleich über mehrere verschiedene Einkaufszentren. Damit ist die Stadt perfekt ausgestattet für einen schönen Einkaufsnachmittag in einzigartiger Atmosphäre.

Zu empfehlen sind die wichtigsten und zugleich größten Einkaufs Paradiese Centro Civico und Centro Comercial Mogán Puerto Rico. Die Auswahl ist riesig. Neben Parfüm und Blumen findet man dort auch elektrisches Zubehör, Badebekleidung und auch schicke Kleidung.

Praktische Information: Wer mit seinen Kindern vereist, sollte auf keinen Fall den Angry Birds Activity Park verpassen. Der Park in Puerto Rico stellt eine goldige Gelegenheit dar, den Weltrekord im Familienlächeln zu schlagen.

PUERTO DE MOGÁN

Eine der schönsten und traumhaftesten Städte Gran Canarias stellt Puerto de Mogán dar. Während Puerto de Rico ein reicher Hafen ist, stellt Puerto de Mogán einen malerisch schönen Fischerhafen dar. Daran gegliedert ist eine Apartmentanlage, welche von vielen kleinen Kanälen durchzogen wird.

Da die Stadt weitestgehend vom Autoverkehr befreit ist, lohnt sich ein Spaziergang und Bummeln durch die kleinen engen Gassen der Stadt. Nach dem ausgiebigen Spaziergang kann der Tag bei einem feinen Gläschen Wein und frischem Fisch ruhig ausgeklungen werden.

Neben dem Hafen voller (Luxus-)Yachten finden sich in der Stadt zudem erstklassige Restaurants und von den Palmen gesäumte Alleen. An sich ist dieses flache Fischerdorf sicherlich nicht besonders charmant, auch wenn es an der Südwestküste der Insel liegt. Alles scheint hier etwas eng gebaut zu sein. Enge und gepflasterte Straßen, welche zusätzlich von traditionellen weiß getünchten Häusern gesäumt werden, dazwischen Bougainvillea und

Hibiskus – dem einem gefällt dieses romantische Gebilde, dem anderen nicht. Ich persönlich kann diese Stadt aufgrund ihrer kleinen und flachen Erscheinung und den durchaus romantisch gestalteten Gassen sehr empfehlen. Perfekt zum Beobachten der abfahrenden und ankommenden Yachten eignet sich der kleine schicke Hafen.

Definitiv stellt die breite Sandbucht das Vorzeigeobjekt von Puerto Mogán dar. Diese wird traumhaft schön von den umliegenden Klippen geschützt. Ein herrliches Bild und gutes Fotoobjekt. Der Strand von Puerto de Mogán bietet unzählige Sonnenschirme und Liegestühle zum Mieten an.

Entlang des Abschlussballs befindet sich zudem eine sehr große Auswahl an Restaurants und Bars am Wasser. Wer wird hier nicht schwach, sein Essen mit einem traumhaften Blick auf das Meer und die Bucht zu genießen? Innerhalb eines Umkreises von nur 7 Kilometern sind auch weitere zwei Strände zu erreichen. Zum einen an der Playa de Amadores und zum anderen der Lovers Beach. Zweiterer stellt die Schönheit mit der Blauen Flagge dar.

Puerto de Mogán ist heute wegen der vielen Freizeitaktivitäten bei aktiven und älteren Besuchern mehr als nur beliebt. Vom bereits genannten Yachthafen aus kann beispielsweise eine Segeltour entlang der traumhaften und windgeschützten Küste erfolgen oder auf einem der örtlichen Fischerboote geangelt werden. Der Höhepunkt vieler Familien dagegen ist die Fahrt mit einem originalen und echten gelben U-Boot. Belohnt werden damit auch die kleinsten Besucher mit einem Blick auf die einzigartige Unterwasserwelt der Insel Gran Canarias aus nächster Nähe. Dagegen nutzen viele jüngere Menschen das Angebot zum Tauchen.

Wer in der Nähe des ursprünglichen Stadtzentrums übernachten möchte, sucht sich am besten eine Übernachtungsmöglichkeit im spanischen Viertel. Sehr attraktiv und äußerst preiswert sind hier viele Gästehäuser. Dagegen sind die Unterkünfte direkt am Hafen etwas preisintensiver.

Kein Wunder, können hier ganze Wohnungen inklusive Dachterrasse und Blick über die Stege zum schönen Atlantik gemietet werden. Empfehlenswert vor allem für Verliebte, da Sie von der Dachterrasse aus mit einem schönen Glas Wein in der Hand den unvergleichlichen Sonnenuntergang begutachten können. Magische Nächte vereint mit sonnigen Tagen – hier im Westen von Gran Canaria die Essenz eines wahren Strandurlaubs.

Tipps für Puerto de Mogán auf einen Blick: Bestellen Sie einfach mal das traditionelle spanische

Gericht Tapas in einem der sehr guten Restaurants am süßen Yachthafen oder gehen Sie vor die Küste zum Wracktauchen. Ein besonderes Erlebnis für jedes Alter. Wer nicht ganz so auf Action und Tauchen steht, sollte das steuerfreie Einkaufen auf Gran Canaria genießen.

MELONERAS

Wer nach einem schicken, anspruchsvollen und vor allem gehobenen Resort sucht, der ist in Meloneras am richtigen Ort auf Gran Canaria.

Ebenfalls an der Südküste gelegen, liegt Meloneras in perfekter Lage zu den beliebten Gebieten Playa del Inglés und Maspalomas auf den Weg in Richtung Puerto Rico. Das Resort von Meloneras verläuft nordwestlich des berühmt-berüchtigten Leuchtturms. Highlight ist die beeindruckende grundlegende Überarbeitung von Meloneras. Somit versprüht der Ort überall einen Hauch von purem Luxus. Es ist nicht nur wohlhabend und attraktiv, sondern auch trendy und stilvoll gestaltet, ohne dabei völlig übertrieben zu wirken.

Ein Paradies für Einzelhandelstherapien ist die Meloneras, vollgepackt mit vielen Juwelieren, Designerläden und High-End-Boutiquen, ganz zu schweigen von den Nobelrestaurants mit ihren Gourmetküchen. Auch hier findet man eine Promenade vor, an der sich Einkaufszentren, Cafés, Bars und Restaurants mit Gerichten aus aller Welt reihen. Eine endlose Auswahl an internationalen Gerichten mit einem Sitzplatz inklusive wunderschönem Blick auf den Sonnenuntergang hat hier der Besucher allemal.

Perfekt zum Sonnenbaden und Abtauchen im klaren Altantikwasser ist der sandige Strand. Hier genießen Gäste und Bewohner der gesamten Insel die Ruhe. Schließlich wissen auch die Touristen, dass es gut sein muss, wenn sogar die Einheimischen den Strand bevorzugen und lieben.

Pünktlich zu Beginn der Nacht leuchtet Meloneras auf. Meloneras bietet einige sehr schöne Orte, um sich bei einem Glas Wein und dem Sonnenuntergang zu entspannen oder sich einfach bei guter Live-Musik zurückzulehnen und zu lauschen. Die Stadt bietet im Gegensatz zur aufregenden Partywelt von Playa del Inglés ein eher anspruchsvolleres Nachtleben, ganz frei von Lagerböcken!

Einer der beliebtesten Orte, welcher am Abend oft besucht wird, ist das Casino von Meloneras. Dort können Sie Ihr Glück beim Roulett-Rad oder auch Blackjack herausfordern, um anschließend die legendäre Legends Cabaret Show zu sehen.

Wie Meloneras an sich strahlen die Hotels ebenso Größe und Luxus aus. Sie warten mit wunderbaren vier bis fünf Sternen auf. Jedes dieser Gebäude ist palastartig und beeindruckend gestaltet. Damit wird der Aufenthalt in jedem der Hotels in der Tat zu etwas ganz Besonderem, ein unvergessliches Erlebnis voller Luxus. Viele der Hotels bieten eine erstklassige Küche mit den besten Köchen der ganzen Insel Gran Canarias an.

Mit den besten Hotels der Insel an den beliebtesten Standorten auf Gran Canaria arbeitet Spain-Grancanaria zusammen. Drei hervorragende Orte stehen alleine in Meloneras zur Auswahl. Hinzu gehört das 5-Sterne-Domizil Lopesan Villa del Conde Resort & Corallium Thalasso.

Dieses verfügt über eine hervorragende Einrichtung, inklusive erstklassigem Spa, welches zum Entspannen und Verweilen einlädt. Hier können exquisite Verwöhnbehandlungen gebucht werden. Jedes Zimmer ist luxuriös ausgestattet, mit einzigartigem Blick auf das Meer. Das malerische Gelände ist durchdacht und mit insgesamt fünf Swimmingpools ausgestattet.

Ebenfalls mit fünf Sternen wartet das beeindruckende Lopesan Baobab Resort auf. Wie der Name schon verrät, ist es sehr stark afrikanisch angehaucht und die Unterkunft dementsprechend üppig. Einige ausgezeichnete Einrichtungen lassen sich in dem Hotel dennoch finden, wie zum Beispiel ein Bereich für Kinder. Mehrere Gourmet-Restaurants werten die Unterkunft ebenso auf. Das exotisch wirkende Hotel liegt ganz in der Nähe des Strandes und stellt einen beliebten Ort vieler Veranstaltungen dar. Gerade für Gäste, die einem besonderen Anlass einen angemessenen Rahmen verleihen wollen, wie zum Beispiel eine besondere Geburtstagsfeier oder gar eine Hochzeitsfeier.

Wer in einer dekadenten Umgebung entspannen möchte, mietet sich im Corallium Spa & Casino im Lopesan Costa Meloneras Resort ein. Das 4-Sterne-Hotel direkt am Meer bietet ein sehr elegantes Ambiente an. Die hervorragend gewählte Einrichtung umfasst ein lukratives Spa-Center und eine Auswahl an eleganten Gourmetrestaurants.

Um kleine und große Gäste zu unterhalten, werden zahlreiche Aktivitäten angeboten und das Hotel mit einem hoteleigenen Casino ausgestattet. Daneben können die wunderschönen subtropischen Gärten mit einem unverbauten Blick auf das Meer genossen werden.

Die Golfer dürfen wir hier auf Meloneras nicht vergessen. Mit dem neu gebauten 18-Loch-Golfplatz

im üppigen Grün kann Meloneras auch die Golfer-
herzen höher schlagen lassen. Gerade der spektakuläre Ausblick während der Golfrunde macht das Golfen zum absoluten Erlebnis. Natürlich lädt anschließend das elegant eingerichtete Clubhaus zum Verweilen und Ausklingen lassen ein. Einen unvergesslich schönen Urlaub mit einem Hauch von Luxus bietet Meloneras – wer hier war, möchte auf alle Fälle
immer wiederkommen.

Insider-Tipp: Besuchen Sie unbedingt einen der
Wellness-Bereiche der Hotels mit Badetempeln,
Thalasso-Therapien, Massagen und vielem mehr.
Damit tun Sie nicht nur Ihrem Körper einen Gefallen,
sondern auch Ihrer Seele.

Sehenswürdigkeiten

Gran Canaria bietet neben dem Sonnenbaden noch viel mehr zum Entdecken und zu erleben. Geboten wird so einiges und es wird bestimmt jeder fündig. Egal ob Jung oder Alt – die Erfahrung zeigt, neben kulturellen Möglichkeiten bietet die Insel sehr viel Action und Erlebnisse an.

Dadurch bekommt jeder Urlaub die Möglichkeit, etwas ganz Einzigartiges zu werden. Welche Sehenswürdigkeiten und Attraktionen auf keinen Fall fehlen dürfen, erfahren Sie in diesem Kapitel. Mein persönliches Lieblingskapitel, da hier Erinnerungen an einen traumhaft schönen Spontan-Urlaub zurückkehren.

FISCHERORT PUERTO DE MOGÁN

An erster Stelle der beliebtesten Attraktionen und Sehenswürdigkeiten nenne ich hier den schönen Fischerort Puerto de Mogán, welchen wir schon als eines der schönsten Reiseziele gehört haben. Das Fischerörtchen gilt nicht nur bei den Einheimischen als das „Little Venedig" in Spanien, sondern ist darunter auch bei den Touristen sehr bekannt.

In den 80er-Jahren entstand in der südwestgelegenen Stadt aus dem Fischerdorf Puerto de Mogán ein sehr beliebter Ferienort. Seither blieb der Ort bis heute eine Anlaufstelle für Individualisten und ist frei vom Massentourismus. Und das aus gutem Grund. Die kopfsteingepflasterten Gassen und die Häuser im venezianischen Stil inklusive der Kanäle durch die Stadt, umrahmt von den Bougainvilleen, laden den Besucher zum Träumen ein.

Ein Traum vom großen Venedig im kleinen Venedig bei einem guten Kaffee in einem der gemütlichen Cafés am Marktplatz. Wer es typisch Gran Canarisch liebt, lässt sich den Cortado servieren, einen typisch spanischen Espresso mit Milch, und entspannt mit einem Blick auf die einzigartige Blütenpracht an den Häusern, Gassen und Kanalbrücken. Ein Aufenthalt in diesem Städtchen ist kurzweilig, da das Auge von so vielen schönen Dingen fasziniert wird. Die Liebe zum Detail verleiht dem Fischerort ein einzigartiges Flair, von dem man noch lange danach beeindruckt ist.

Mein Geheimtipp: Wer gerne romantische Stunden mit seinem Partner verbringen möchte und nicht in das überfüllte Venedig in Italien reisen möchte, sollte nach Gran Canaria in die Flitterwochen oder einfach in den Urlaub fliegen. Das kleine Venedig versprüht ein unvergessliches Flair mit seinen Kanälen und Gassen, dass das richtige Venedig in den Hintergrund gerät. Romantische Stunden mit Blick auf den Sonnenuntergang über dem Meer und den Fischerbooten bei einem schönen Glas Wein – was braucht man mehr, um glücklich zu sein? Und ein kleiner Leuchtturm bietet das Fischerdorf auch. Wer sich auf den Weg bis dorthin begibt, wird belohnt mit der Entdeckung der versteckten Hafenhalle mit vielen kleinen Fischrestaurants.

Für alle, die lieber den Trubel mögen und auf überfüllte Gassen Wert legen, sollte als Reisetag nach Puerto de Mogán der Freitag gewählt werden. Freitags ist jede Woche der Markttag in dem kleinen Fischerdorf. Nicht zu vergleichen mit zum Beispiel den traditionellen Bauernmärkten bei uns in Deutsch-land. In Puerto de Mogán reihen sich kilometerweise die Stände aneinander. Von Taschen und Tüchern über Schmuck und Souvenirs bietet der Markt alles, was das Herz begehrt. Auch wenn die Straßen an diesem Tag voller sind, tut das dem Städtchen an Romantik fast keinen Abstrich. Die kleinen Gassen sind trotzdem eher leer und gut zum Spaziergang ge-eignet.

ROQUE NUBLO

Wie ein Faustkeil eines Riesen ragt das berühmteste Wahrzeichen Gran Canarias gegen den Himmel. Der 1823 Meter hohe Wolkenfels war den Urkanariern heilig. Genauso wie der Roque Bentayga, welcher sich mit dem Roque Nublo für eine Wanderung und einen Ausflug anbietet.

Eine gigantische Aussicht eröffnet sich für den Besucher von zwei Plateaus des Berges aus, über weite Teile von Gran Canaria bis hin zur Nachbarin-sel Teneriffa. Wer der Straße den Roque Nublo hin-auf folgt, erreicht nach einer Weile den beliebtesten Campingplatz der Insel, den Llanos de la Pez.

Neben den Touristen genießen Einheimische am Wochenende mit ihren Familien ihre freie Zeit inmitten dieser atemberaubenden und wunderschönen Landschaft. Er gehört wohl zu einer der schönsten Flecken auf der Welt. Und wer schon immer mit den Bewohnern der Insel während des Urlaubs ins Gespräch kommen wollte, hier ist genau der richtige Zeitpunkt und vor allem der richtige Ort dafür.

DÜNEN UND LEUCHTTURM VON MASPALOMAS

Das Wahrzeichen der Insel bildet ohne Zweifel die Landschaft um die Dünen von Maspalomas. Von den Dünen werden ganze 400 Hektar bedeckt. Eine wahnsinnig große Fläche für die verhältnismäßig kleine Insel. Die Dünen können bis auf 10 Meter hoch in die Höhe ragen und reichen sogar bis an das Wasser am Strand von Maspalomas. Damit wird der saharaähnliche Ort zu einem der meistfotografierten Sehenswürdigkeiten von ganz Gran Canaria.

Die immensen Dimensionen des Naturparks lassen sich am besten vom Aussichtspunkt neben dem Hotel Riu Palace in Maspalomas erleben und begutachten.

Wer sich wie ein Tuareg fühlen möchte, dem empfehle ich einen der beliebtesten und meistgebuchten Aktivitäten auf Gran Canaria: Einen Ausritt mit und auf einem Kamel über die Dünenlandschaft von Maspalomas.

Für alle Romantikliebhaber empfehle ich, kurz vor Sonnenuntergang zu den Dünen und dem nahe gelegenen Leuchtturm von Maspalomas aufzubrechen. Dann funktioniert es auch mit einigen romantischen Bildern vor und mit dem Leuchtturm oder eben auf den Dünen von Maspalomas. Auch ich habe hiervon einige sehr schöne Bilder – trotz Reise ohne festen Partner. Dies sind Erinnerungen, welche man so schnell nicht wieder vergisst und auf jeden Fall immer wieder sehr gerne hervorholt und begutachtet.

Zum historischen Denkmal wurde der einzigartige Leuchtturm Faro von Maspalomas erklärt. Er gehört zu einem der ältesten und bisher noch funktionierenden Leuchttürmen der Kanarischen Insel. Mit einer Höhe von 60 Metern und einem gigantischen Durchmesser von bis zu 6,2 Metern lässt er sich von fast jedem Standpunkt auf dem Strand aus von Maspalomas erfassen.

Neben dem Leuchtturm Faro toben sich ab und an Sandkünstler aus. Von Cartoons über berühmte Persönlichkeiten sind dort einige schöne Sandfiguren zu finden. Ideal für weitere schöne Bilder zur Erinnerung an einen unvergesslich schönen Urlaub auf

Gran Canaria und den Leuchtturm Faro inklusive den nahe gelegenen Dünen.

CASA DE COLON – DAS KOLUMBUSHAUS

Wer sich für Gebäude und Architektur interessiert, sollte sich unbedingt auf den Weg machen und das Kolumbushaus ansehen. Bereits spanische Stadthalter residierten damals vor langer Zeit in dem prächtigen und opulenten Kolonialbau. Das Casa de Colon findet man in der Calle Colon 1 in Las Palmas de Gran Canaria.

Die ältesten Bauelemente für das Kolumbushaus, des für Gran Canaria typischen Baus, stammen aus dem 17. Jahrhundert und haben somit schon dem ein oder anderen Ereignis standgehalten. Speziell die Erker und Holzbalkone sind aus kanarischer Kiefer angefertigt worden.

Das Casa de Colon wird heutzutage oftmals als Kolumbushaus bezeichnet, ganz nach dem Seefahrer und Entdecker Christoph Kolumbus. Dieser besuchte im Jahre 1492 das damalige Haus des kanarischen Gouverneurs auf seiner Reise nach Afrika. Um eines seiner Schiffe zu reparieren, befand sich Christoph Kolumbus auf Gran Canaria.

Mittlerweile beherbergt das Haus ein kleines Museum, welches sich natürlich in erster Linie mit Christoph Kolumbus und seinen unzähligen Entdeckerreisen beschäftigt. Eine durchaus sehenswerte Ausstellung für alle Geschichtsliebhaber und Entdeckerfreunde.

Im Erdgeschoss des Gebäudes der Casa de Colon befindet sich die Ausstellung zu den Kanarischen Inseln und Kolumbus inklusive historischer Karten und alten Navigationsinstrumenten, welche zu der damaligen Zeit zur Orientierung bei der Seefahrt dienten. Der erste Stock des Kolumbushauses beinhaltet einige Gemälde und andere Exponate zur einzigartigen und langen Geschichte Gran Canarias.

Wie so einige andere alte Gebäude befindet sich auch in der Casa de Colon im Untergeschoss eine mystische Krypta. Dieser gehört eine Sammlung von diversen Kunst- und Gebrauchsgegenständen an. Die allermeisten Gegenstände und Bilder stammen von präkolumbianischen Völkern aus Lateinamerika.

Spezial-Tipp für aller Entdeckerfreunde und Geschichtenliebhaber: Wer nicht genug von dem alten Kolumbushaus bekommen kann, kann sich dieses schöne alte Gebäude als Ferienhaus auf Gran Canaria im spanischen Stil mieten.

HÖHLENDORF BARRANCO DE GUAYADEQUE BEI AGÜIMES

Der Barranco de Guayadeque, übersetzt die Guayadeque-Schlucht, wurde zum Natur- und Kulturdenkmal erklärt. Sie stellt einen der schönsten und bekanntesten Hotspots der Insel dar. Mit 11 Kilometern Länge beeindruckt die Schlucht wohl jeden. Die Steilwände sind sogar mehrere hundert Meter hoch.

Wer die Schlucht besucht, sollte sich unbedingt auch noch die Höhlenwohnungen ansehen. Ein Besuch dort lohnt sich allemal, da sie teilweise sogar heute noch bewohnt werden. Manch einer der Bewohner stellt sein Eigenheim sogar für einen Besuch zur Verfügung. Wer sich die Höhlenwohnung von innen eines Höhlenbewohners ansieht, sollte dies mit ein paar Euros wertschätzen. Dabei sind sogar 1 bis 2 € für die Menschen dort sehr viel Geld, da sie gewohnt sind, mit viel weniger auszukommen. Ich selbst sah eine dieser Wohnungen bereits von innen und mir wurde wieder einmal mehr bewusst, wie gut wir einfach leben.

Möchte jemand die Höhlenwohnungen nicht ansehen, der kann sich einen Happen in einem der Restaurants gönnen. Natürlich mit traditioneller und kanarischer, aber auch internationaler Küche.

FREILICHTMUSEUM MUNDO ABORIGEN

Das auf Gran Canaria gelegene Freilichtmuseum befindet sich in einer herrlich atemberaubenden südlich liegenden Kulisse im Inneren der Insel. An verschiedenen Schauplätzen führt die Route des Themenparks vorbei. Darunter über 100 Figuren in Lebensgröße, mit denen die Lebensweise der allerersten Inselbewohner nahegebracht wird. Fragen rund um das Alltagsleben der Ureinwohner werden mit dem Mundo Aborigen Museum geklärt: Wie sah das Arbeitsleben der Insulaner damals aus? Wie beschafften sie sich ihre Nahrung? Wie und vor allem wo wohnten sie?

Mundo Aborigen nimmt den Besucher mit auf eine faszinierende Reise in die einzigartige Vergangenheit und erzählt die Geschichte der Ureinwohner. Dabei hat man das Gefühl, hautnah direkt vor Ort in vergangenen Zeiten zu sein. Dies wird nicht nur durch die lebendig gestalteten Figuren erzielt, sondern auch durch die aufwendig gestalteten Bauten zur individuellen Lebensweise der Ureinwohner. Die Szenerie ist vollkommen authentisch aufgebaut, da die Gebäude allesamt bei Ausgrabungen entdeckt und freigelegt wurden. Daneben befinden sich im

Themenpark überall verteilt mehrsprachige Informationstafeln inklusive allerhand interessanter Fakten zu den ersten Inselbewohnern. Das Museum ist sowohl für Jung als auch Alt gleichermaßen interessant und stellt damit das ideale Ausflugsziel dar. Vorausgesetzt man interessiert sich für die Kultur und Lebensweise der Kanaren. Das wunder- und liebevoll gestaltete Areal liegt mitten in einer traumhaften Umgebung. Hier erstrahlt die Schönheit Gran Canarias in seiner vollen Pracht – ein Highlight für alle naturverbundenen Menschen.

Selbstverständlich gibt es vor Ort einen Souvenirshop zu entdecken. Dort dürfen die typisch kanarischen Produkte natürlich nicht fehlen. Egal ob ein Urlaubsmitbringsel für die Zuhausegebliebenen oder sich selbst – fündig werden kann hier jeder. Ein Café rundet die ganze Anlage ab. Es eignet sich gut, um zwischendurch eine Pause einzulegen und die ganzen Informationen und Eindrücke zu verarbeiten. Der Eintrittspreis für Erwachsene von 10 € und für Kinder zwischen 3 und 12 Jahren mit 5 € rentiert sich aufgrund des Angebotes definitiv.

Spezial-Tipp: Das Gebäude mit den Fundstücken aus der Ureinwohner-Zeit nicht meiden, denn es befindet sich in der Gebirgsregion. Dieser Standpunkt ermöglicht einen fantastischen Blick über die gesamte Insel.

HÖHLEN VON ARTENARA

Ziemlich genau nördlich von Puerto Rico und südwestlich von Las Palmas liegt einer der ältesten Orte der Kanarischen Inseln – die Gemeinde Artenara. Inmitten des Hochlandes von Gran Canaria gelegen, verteilt sie sich über verschiedene Täler und Plateaus. Berühmt wurde Artenara aufgrund der Höhlenwohnungen, in denen immer noch ein großer Teil der dort angesiedelten Bevölkerung lebt und wohnt.

Artenara stellt das höchstgelegene Dorf der Insel dar, da sich der Ortskern in 1.270 Metern Höhe befindet. Wer nicht einen reinen Strandurlaub plant, sollte unbedingt einen Ausflug zu dem Örtchen planen. Von Weitem sticht als Erstes die riesige Christus-Statue ins Auge, welche als größeres Abbild auch in Rio de Janeiro zu finden ist. Einen grandiosen Ausblick auf die schroffen Felswände aus Vulkangestein und den umliegenden Tälern erhalten alle, die den Hügel hinaufsteigen.

Die berühmteste und bekannteste Sehenswürdig-keit von Artenara bleiben jedoch die unzähligen Höhlenhäuser. Teilweise entstammen diese noch von den Ureinwohnern der Insel und werden bis heute noch bewohnt. Rund um den Ortsteil Acusa herum befinden sich die ältesten Höhlenhäuser. Der Ortsteil liegt etwas westlich von Artenara auf einer schönen Hochebene. Von außen können die aller-meisten Höhlenwohnungen besichtigt werden. Aus einer der ursprünglich ältesten wurde ein Museum gezaubert, welches kostenlos besichtigt werden kann. Das Museum vermittelt einen ausgezeichneten Eindruck in das frühere, aber auch heutige Leben um und vor allem in Artenara.

Wer sich schon auf den Weg zu den Höhlen von Artenara begibt, sollte mehr Zeit für die nahe gelege-nen und weiteren Sehenswürdigkeiten mit einpla-nen. Im Zentrum von Artenara befindet sich die Pfarrkirche San Matias. Diese wurde von 1864 an er-baut. Die Fertigstellung jedoch erfolgte erst im 20. Jahrhundert. Davor befand sich auf dem Platz eine kleine Kapelle aus dem Jahre 1630. Diese musste der heutigen Kirche allerdings weichen.

Highlight von Artenara: Nicht vergessen sollte man bei dem Besuch die kleine Höhlenkapelle der „Höhlenjungfrau", die Ermita de la Virgen de la

Cuevita. In alten Aufzeichnungen findet die Kirche erstmals 1794 Erwähnung. Sie ist der Schutzheiligen Artenara geweiht. Sowohl die Kanzel als auch der Altar wurden aus dem Fels gehauen und sind bis dato in einem sehr guten Zustand. Etwa 400 Meter vom Dorf entfernt liegt die Höhlenkapelle und ist leicht zu finden.

Insider-Tipp: Eine Menge toller und einzigartiger Aussichtspunkte sind rund um Artenara angesiedelt. Diese können sowohl einfach als auch schnell erreicht werden. Direkt an der stählernen und großen Skulptur befindet sich in Richtung Norden vom Ortskern ein sehr schöner Aussichtspunkt. Von dort aus lässt sich bei gutem Wetter der 3.718 Meter hohe Teide-Vulkan der Nachbarinsel Teneriffa bestaunen. Dieser liegt eigentlich ganze 50 Kilometer weit entfernt.

PALMITOS PARK – EINZIGARTIGE TIERWELT GRAN CANARIAS

Jedes Land hat eine eigene und damit einzigartige Flora und Fauna. Im Palmitos Park der Insel Gran Canaria kann diese vielfältige kanarische Flora inmitten eines grünen, wilden Tales bestaunt werden. Aber nicht nur die Flora: Auch über die einheimische Tierwelt erfährt man vor Ort unglaublich viel.

Nach der vollständigen Zerstörung des Tier- und Palmenparks im Jahr 2007 leisteten die Verantwortlichen ein gutes Stück Arbeit. Bereits im Sommer 2008 konnte der Park wieder neu in aller Pracht eröffnen.

Während eines Rundganges durch den Palmitos Park treffen Sie gleich zu Beginn auf ein Gehege mit süßen Erdmännchen, die einem neugierig entgegenblicken. Im weiteren Verlauf des Sparziergangs begegnen einem australische Wallaby und riesengroße Warane. Natürlich sind ebenso exotische Vögel wie Kolibris, Flamingos, Papageien und viele weitere Tiere der Lüfte vertreten.

Die Hauptattraktion des Parks stellt aber das große Delfinarium dar. Dort führen die Meeressäuger gigantische Kunststücke mit ihren typischen Flippern vor. Wer ebenso eine absolute Wasserratte ist, wie die Delfine es sind, kann dort im Park die schönsten Tauchplätze auf ganz Gran Canaria ausfindig machen.

Ein weiteres Must-See stellt die atemberaubende Greifvogelshow des Palmitos Parks dar. Während des Besuches wird für das leibliche Wohl in Form von Essens- und Trink-Angeboten bestens gesorgt. Verschiedene Restaurants und Caféterias lassen keinerlei Wünsche offen.

DER HÖCHSTE INSELBERG – PICO DE LAS NIEVES

Mit einer Höhe von 1.949 Metern über dem Meeresspiegel ist der Pico de las Nieves der höchste Berg auf Gran Canaria. Gerne wird er als die „Schneespitze" bezeichnet. Auf dem Berg schneit es trotz der ganzjährigen frühlings- bis sommerhaften Temperaturen im Winter gelegentlich.

Der Pico de las Nieves ist nur eingeschränkt begehbar (zu großen Teilen), aber der Berggipfel kann leider nicht erklommen werden. Nicht, weil es den Besuchern nicht zuzutrauen wäre, sondern aus Sicherheitsgründen. Der Berg ist Teil der militärischen Hochanlage und stellt damit ein gesichertes Sperrgebiet dar.

Oberhalb des Caldera de los Marteles beginnt eine der beliebtesten Touren rund um den Pico de las Nieves. Beim Caldera de los Marteles handelt es sich um einen Vulkankrater, welcher durch den Kontakt vom Grundwasser mit Magma entstand. Typisch für die Kanaren. Von hier aus geht es weiter durch einen dichten Kiefernwald. Von dort aus eröffnet sich ein Ausblick bis nach Las Palmas im Norden oder der im Süden gelegenen Caldera Tirajana.

Wer es schließlich bis vor die Füße des Pico de las Nieves schafft, wird mit einem gigantischen Panorama belohnt. Zuerst fällt dabei der Blick auf das Zentrum mit dem berühmten Roque Nublo. Schweift der Blick zunehmend gen Westen, eröffnet sich die Aussicht bis nach Teneriffa. Fällt dagegen der Blick gen Süden, kann man über die Caldera von Tirajana mitsamt Santa Lucia, das Tal von Fataga und San Bartolomé bis nach Maspalomas inklusive der berühmten Sanddünen sehen. Eine traumhafte Aussicht über die ganze Insel, den man nur am höchsten Inselberg so bekommt. Und das, ohne Geld dafür ausgeben zu müssen.

DIE KANARISCHE GESCHICHTE – MUSEO CANARIO

Das Museo Canario ist die erste Anlaufstelle für alle Geschichts-Liebhaber und alle, die mehr über die kanarische Vergangenheit erfahren wollen. Dort ist die größte Sammlung an altkanarischen Funden ausgestellt. Absolutes Highlight und Must-See des Museums ist das sogenannte „Idol von Tara". Diese stellt vermutlich eine weibliche Form dar, die jedoch sehr bauchig ist. Diese Tonfigur steht mit sehr hoher Wahrscheinlichkeit symbolisch für die Fruchtbarkeit. Zu hundert Prozent sicher ist diese Zuordnung jedoch nicht.

Daneben sind eine Nachbildung der Cueva Pintada aus Gàlar sowie eine Reihe von gut erhaltenen Mumien, Totenköpfen und Skelettteilen in dieser wunderbaren geschichtlichen Ausstellung. Vor den Toten fürchten, sollte man sich angesichts der vielen Knochen jedoch nicht. Zu finden ist das Museum in der Hauptstadt von Gran Canaria in Las Palmas an der Calle del Dr. Verneau 2.

PLAYA DE LAS CANTERAS

Zu einem der beliebteren Orte auf Gran Canaria gehörte schon vor über 100 Jahren der Playa de las Canteras. Dieser Sandstrand eignet sich perfekt, um das erfrischende Nass des Atlantischen Ozeans zu genießen. Aufwarten tut der Strand mit seinem schönen feinen weißen Sand in der großen weiten Bucht der Stadt Las Palmas.

So wie in den allermeisten sehr großen Stadtstränden herrscht auch hier in Playa de las Canteras ein sehr urbanes Flair. Dieser Fleck Sandstrand wird sogar oftmals mit den Stränden in Rio de Janeiro verglichen.

Die kleinen Buchten unterhalb einer einladenden und breiten Hauptpromenade werden von insgesamt 3,2 Kilometer feinem pudrigen Sand gesäumt. Ein Riff vor der Bucht schützt vor der teilweise sehr starken Brandung. Im Süden des Strandes sind die Wellen trotzdem hoch genug, um diese zum Surfen zu nutzen. An allen anderen Stellen des Strandes ist das Baden im Meer absolut unbedenklich und gefahrlos möglich.

ARCHÄOLOGISCHES MUSEUM CUEVA PINTADA

Die berühmte bemalte Höhle liegt im archäologischen Park und Museum von Cueva Pintada. Das wohl bedeutendste Zeugnis zur Geschichte der kanarischen Ureinwohner stellt eben diese eine Höhle dar. Experten gehen davon aus, dass die Malereien der Höhle damals eine kalendarische Funktion innehatten.Den Mittelpunkt bildet die Höhle der ausgegrabenen und zum Teil vollständig rekonstruierten Siedlung. Zu dieser gehören verschiedene Rundbauten. In den einzelnen Häusern der Rundbauten wird dem Besucher ein optimaler Einblick in die kanarische Wohnkultur verschafft. Die nötigen Hintergrundinformationen zu den Bauten und Ausstattungen sowie der damaligen Lebensweise liefern diverse Multimediastationen vor Ort.

Zum Museum Cueva Pintada gehört zusätzlich eine Ausstellung von Funden, welche während der aufwendigen Ausgrabungsarbeiten von Archäologen entdeckt wurde. Wahnsinn, was dort alles zutage gefördert wurde. Neben Werkzeugen und kleinen Figuren erzählen Schmuckstücke und andere Gegenstände vom typischen Alltagsablauf der kanarischen Ureinwohner.

Persönlicher Tipp: Vor Ort im Museumsladen findet sicher jeder das ein oder andere besondere Urlaubs-Erinnerungsstück.

CENOBIO DE VALERÓN

Nicht das einzige Highlight in Sachen Höhlen stellt die bemalte Höhle im Museum Cueva Pintada dar. Eine mehr als sehenswerte Attraktion auf Gran Canaria ist das Höhlenensemble Cenobia de Valerón. Die kanarischen Ureinwohner haben in mühevollster Kleinarbeit in etwa 300 Kammern und Nischen beim Höhlenensemble in den weichen Tuffstein gekratzt. Eine wahnsinnige Vorstellung, wie ich persönlich finde, denn wer kommt schon auf solch eine Schnapsidee und kratzt über 300 Nischen beziehungsweise Kammern in eine Steinwand? Und vor allem zu welchem Zweck?

Die Höhlen kleben in einer Art Kuppel und sind allesamt nach Norden hin geöffnet. Aufgrund dessen war man sich lange Zeit unsicher und uneinig, wozu diese Kammern und Nischen dienten. Eine der Behauptungen lautete: Junge Frauen lebten hier wie in einem Kloster. Dort bereiteten sie sich auf das Leben als Hohepriesterin vor. Dies entpuppte sich im Laufe der Zeit jedoch als Mythos, da das Rätsel

mittlerweile gelöst werden konnte. Die Kanaren nutzen dieses Höhlenlabyrinth von Cenobio de Valerón als Getreidespeicher. Deshalb auch die Öffnungen in Richtung Norden, da dies eine direkte Sonneneinstrahlung auf das Getreide verhindert. Logisch, wenn man die Fakten und Hintergründe erst einmal kennt.

BOTANISCHER GARTEN JARDIN BOTÁNICO CANARIO VIERA Y CLAVIJO

Nahe der Hauptstadt Las Palmas liegt der größte aller botanischen Gärten Gran Canarias. Mit einer beeindruckenden Größe von etwa 27 Hektar stellt er die Heimat von etwa 1.000 verschiedenen Pflanzenarten dar. Aufgrund seiner enormen Größe besitzt der botanische Garten gleich zwei Eingänge. Der eine liegt am unteren Teil und der zweite am oberen Teil des Gartens. Zudem ließ sich im oberen Gartenbereich ein Restaurant nieder. Von dort aus kann neben den Speisen der Blick über die Gartenanlage genossen werden.

Der Park an sich schützt über 500 einheimische bedrohte Pflanzenarten vor dem Aussterben und bietet den Besuchern einige spektakuläre und exotische Pflanzen zu besichtigen an. An sich gleicht der Garten einem wahren Paradies, welches der Erhaltung der spektakulären und reichen Flora der Kanaren gewidmet ist. 7.000 Quadratmeter sind alleine voller Kiefern, Palmen und Sukkulenten.

Zu den absoluten Besucherhighlights zählen sowohl die Sammlung an exotischen Palmen als auch die Sammlung von über 2.000 Kakteen und Sukkulenten. Daneben überzeugt die Ausstellung makaronesischer und kanarischer Arten und der überraschend beheimatete Lorbeerwald inmitten des botanischen Gartens. Während des Besuches des kostenfreien botanischen Gartens läuft immer wieder der ein oder andere Gärtner und Mitarbeiter durch die gepflegte Anlage. Kein Wunder also, warum dieser botanische Garten so gut erhalten bleibt.

Gut zu wissen: Der Schöpfer des botanischen Gartens Eric Sventenius starb bei einem tragischen Verkehrsunfall direkt vor seinem Werk. Seine menschlichen Überreste wurden ihm zu Ehren geschützt in einem Grab in der Gegend von Laurisilva im botanischen Garten begraben. Die Mitarbeiter des Gartens bezahlen jedes Jahr ein Tribut und erinnern sich in Dankbarkeit an ihn. Sie würdigen seinen Todestag am 23. Juni besonders.

FELSNADEL DEDO DE DIOS

Dedo de Dios, besser bekannt als der „Finger Gottes", stellte eine Felsformation an der Küste von Gran Canaria ganz in der Nähe des Fischerortes Puerto de las Nieves dar. Dieser fiel jedoch 2005 dem Tropensturm „Delta" zum Opfer. Am 29. November 2005 brach der Finger Gottes aufgrund eben dieses Sturms ab.

Den Dedo de Dios gibt es schon noch, nur leider nicht mehr in seiner ursprünglichen Größe und Pracht. Die „oberen Fingerglieder" wurden bei dem Sturm massiv beschädigt. Deswegen ist heute nur noch die Faust beziehungsweise Hand samt erstem Fingerglied zu sehen. Der damit verstümmelt wirkende Finger Gottes ist sehr gut von der Mole in Puerto de las Nieves zu sehen, als Finger Gottes vom Sturm geknickt.

SAN NICOLÀS DE TOLENTINO

Für eine interessante Abenteuerfahrt sorgt die gewundene Straße mitten durch ein fruchtbares Tal, welches von Schluchten durchzogen wird, auf dem Weg zu dem kleinen Ort San Nicolàs de Tolentino. Die erste Schlucht stellt dabei die Barranco de Veneguerea dar. Das Tal wurde 2003 in das angrenzende Naturschutzgebiet Parque Rural del Roque Nublo mit aufgenommen. Jahrelang protestierten hierfür die Umweltschützer, welche verhindern wollten, dass dieses herrliche Tal zu einem Urlaubsgebiet umfunktioniert wird.

Nach der Schlucht folgt die Barranco de Tasarte. An dieser Stelle ist die Straße nicht mehr ganz so brenzlig und endet, wie alle Brrancos hier auf der Insel, an einem unberührten kleinen Strand. Die dritte und letzte Schlucht bildet die Barranco de Tasartico. Hier gibt es in Richtung San Nicolàs de Tolentino einen anstrengenden und vor allem langen Wanderweg. Dieser führt bis zu der Reserva Natural Espicial de Güi-Güi. Der 3.000 Hektar große Bereich wurde ebenfalls unter Schutz gestellt, damit die Vegetation rund um die umliegenden Felsen herum bewahrt und geschützt wird. Wer den Weg ein wenig weiter geht, trifft auf das Naturphänomen La Fuente de los

Azulejos. Dieses wurde nach den blauen Fliesen „azulejos" benannt, welche oftmals portugiesische Häuser zieren. Die Felsen wurden an diesem Ort durch Oxidation bläulich-grün verfärbt. Ein ungewöhnliches und beeindruckendes Farbspiel an der Felsenwand, welches für Gran Canaria an sich nichts Ungewöhnliches darstellt.

Am Ende der Reise folgt schließlich der Ort San Nicolàs de Tolentino. Offiziell trägt der Ort den Namen La Aldea de San Nicolàs de Tolentino. Er stellt das Zentrum der Landwirtschaft in der ganzen Region dar. Neben Orangen- und Bananenplantagen findet man hier auch Papaya-, Avocado- und Mangoplantagen an. Die Haupteinnahmequelle des Örtchens stellen jedoch die Tomaten dar. Die Produktion ist aufgrund des sehr starken Wettbewerbs durch die marokkanischen Anbauer zwar rückläufig, jedoch werden jährlich immer noch bis zu 100.000 Tonnen exportiert.

Der kleine Ort ist eingerahmt von vielen mit Bambus und Kakteen bewachsenen Hängen. Ansonsten weist das Örtchen keinerlei bemerkenswerte Architektur auf. Ausnahme stellt jedoch die Kirche Iglesia de San Nicolàs dar. Diese wurde 1972 dort erbaut, wo ursprünglich eine Kapelle aus dem 18. Jahrhundert stand. Die Kirche beinhaltet einige sehr schöne und interessante Bildhauerarbeiten von Josè Lujàn Pèrenz.

Weiteres Highlight nahe San Nicolàs ist der nahe gelegene Cactualdea. Urlauber strömen in Scharen in den Kakteenpark, welcher über 1.000 Kakteen beheimatet. Diese stammen aus Ländern wie Madagaskar, Guatemala, Mexiko oder Bolivien und wurden inmitten von Drachenbäumen, Palmen und Aloe-Vera-Pflanzen gebettet. Anzutreffen sind dort des Weiteren eine weitere Guanchen-Höhle und ein sehr traditionelles Restaurant mit typisch kanarischer Küche. Zudem sollte unbedingt ein Abstecher zu dem Amphitheater unternommen werden. Es ist durchaus sehenswert und wird für die Lucha Canaria-Kämpfe, den kanarischen Ringkämpfen, als Schauplatz genutzt.

BURRO SAFARI LAS TIRAJANAS

Wer seinen Urlaub mit der ganzen Familie plant und Kindern Attraktionen bieten möchte, sollte unbedingt die Eselfinca Burro Safari Las Tirajanas aufsuchen. Ein sehr empfehlenswertes Ausflugsziel für den Nachwuchs. Warum? Die Eselfinca bietet über 60 wohlbehüteten und gepflegten Eseln ein Zuhause. Auf dem Gehege der Burro Safari Las Tirajanas können diese sogar beritten werden.

Die Kinder und auch deren Eltern führt die Eselsafari über Saumpfade bis in die Berge von Gran Canaria. Wer es dagegen etwas ruhiger angehen will und nicht ganz so viel Abenteuer benötigt, kann alternativ den Streichelzoo vor Ort besuchen. Kinder lieben es, mit den Kaninchen, Schafen, Ziegen, Schweinchen und auch Straußvögeln auf Tuchfüllung zu gehen und die Tiere zu versorgen beziehungsweise zu verwöhnen.

FATAGA

Ein etwa 2.000 Jahre altes Bergdorf mit gerade einmal 400 Einwohnern stellt Fataga dar. Es liegt etwa 15 Kilometer von Maspalomas entfernt im Landesinneren. Das Bergdorf gehört zu der Gemeinde San Bartolomé de Tirajana.

Sehenswert ist dieses Bergdorf aufgrund seines wunderschönen und sehr gut erhaltenen historischen Ortskerns. Während die Straßen mit Naturstein gepflastert wurden, sind die Häuser immer noch aus dem alten kanarischen Originalmaterialen erbaut und somit im Originalzustand erhalten.

Idyllisch liegt Fataga inmitten des Tales der tausend Palmen zwischen einigen sehr kargen Berghängen. Eine alte Wassermühle untermauert das idyllische Erscheinungsbild des kleinen Bergortes. Kunstliebhaber sollten sich die vorhandene Kunstgalerie zu Gemüte führen. Daneben gibt es in Fataga seit 2006 ein Museum mit dem passenden und trotzdem schlichten Namen Museo de Fataga.

Wer der Beschilderung zur Galeria de Arte folgt, erreicht schließlich das Atelier von Friedhelm Berghorn, einem deutschen Künstler. Dieser lebt schon seit über 20 Jahren auf Gran Canaria und stellt in seinem Atelier neben abstrakten Bildern seine Figuren aus. Für gutes Essen sorgen zwei vorhandene Gaststätten. Bis 2006 hatte neben den Gaststätten auch eine Bäckerei offen. Diese wurde einst außer Betrieb genommen. Äußerst schade, da es sich dabei um eine wunderschöne alte und vor allem antike Bäckerei handelte.

Im Jahr 2007 wurde Fataga leider Opfer eines schweren Waldbrandes, bei dem einige Gebäude und viele Pflanzen stark beschädigt und sehr in Mitleidenschaft gezogen wurden. Heute ist davon nichts mehr zu sehen, da die Bewohner des Bergdorfes die meisten Schäden gemeinsam behoben haben.

Tipp für Familien: Vor dem Bergdorf hat sich der Kamelsafari-Park La Baranda eingerichtet. Dort wird den Besuchern einiges geboten. Neben gemeinsamen Grillen und der Möglichkeit, die anliegenden tropischen Gärten zu besuchen, kann ein Kamelrundgang gebucht oder die Show mit D. Gustavo, dem küssenden Kamel, angesehen werden. Wer das besondere Erlebnis sucht, kann sogar den Kamel-„Führerschein" vor Ort ablegen.

Insider-Tipp: In der Nähe von Fataga gibt es eine Finca. Die Finca Molino del Agua de Fataga ist über 200 Jahre alt. In ihr befindet sich neben dem Hotel ein hübsches kleines Restaurant mit sehr guter Küche.

Fataga eignet sich perfekt für den Start einer kleinen Wanderung in die Bergwelt von Gran Canaria. Ein gutes Ziel stellt die zwei Kilometer entfernte Mühle Molino del Agua de Fataga dar. Vergleichbar mit einer kleinen Turbine ist das Wasserrad der Mühle. Diese ist aus dem Jahr 1880 und liegt innerhalb eines Turms. Übrigens stellt die Mühle samt Wasserrad einen hervorragenden Fotospot dar.

BARRANCO DEL LAUREL

Im dunklen Tal von Barranco del Laurel macht eine Wanderung in Gran Canaria gleich doppelt so viel Spaß. Geschützt von der Sonne und starker Hitze lassen sich die Reste des kanarischen Lorbeerwaldes auf engstem Raum unter tiefgrünen Bäumen genießen. Von der Trockenheit und den Dünen von Maspalomas ist hier nichts zu sehen. Eher das Gegenteil ist der Fall: Im dunklen Tal wachsen neben Moosen auf Mauern bunte Gebirgsblumen, welche die Hänge bedecken. Ein Brombeergestrüpp schlängelt sich am Wegesrand wild entlang.

Da an diesem Fleck von Gran Canaria die idealen Bedingungen von bis zu 1.000 Millimeter Niederschlag pro Jahr und warme Luft herrscht, fühlt sich hier die Blütenpracht pudelwohl.

GEHEIMTIPP

Auf der Kanaren-Insel befindet sich ein weiteres botanisches Paradies oberhalb von Maspalomas. Ein ruhiger Mikrokosmos stellt die Finca Montecristo abseits der belebten und beliebten Touristenhochburgen dar. Für erholungssuchende Natur- und Kunstliebhaber ist die Finca schon mehr als ein Geheimtipp von Gran Canaria.

Guy Martin, ein deutsch-französischer Landschaftsarchitekt, gestaltete diese Anlage einmal und schön mit Exoten aus allen Ecken der Welt. Diese wuchern entlang des steilen Hanges am Areal. Zwischen all der Pflanzenpracht ragen immer wieder interessante und einzigartige Kunstwerke hervor.

Mein Tipp: Die Anlage ist mit Kindern leider nicht gut geeignet, vielmehr für Paare und Einzelreisende eignet sich die Finca dafür umso mehr. Wer mit seinem Partner in den Urlaub fährt, sollte unbedingt in dem auf halber Höhe des Parks gelegenen Gartenrestaurant speisen. Nirgendwo sonst lässt es sich romantischer auf Gran Canaria zu Abend essen. Ausschließlich ökologisch angebaute Produkte werden in dem mediterranen Restaurant zu wunderbaren Köstlichkeiten umgewandelt. Größtenteils stammen die Produkte sogar aus dem eigenen Garten des

Motecristo. Wer sein persönliches Highlight auf der Insel sucht, kann auf der Finca Montecristo seine Traumhochzeit feiern. Ganz romantisch in einer liebevoll gestalteten Umgebung mit ausgezeichnetem Essen. Es finden sogar regelmäßig Hochzeitsfeiern in dem einzigartigen Natur-, Kunst- und Kulturparadies statt.

KIRCHEN UND WEITERES SEHENSWERTES

In dem Bereich Kirchen hat Gran Canaria aufgrund seiner traditionellen und gläubigen Ausrichtung so einiges Interessantes zu bieten. Fangen wir mit der Kirche San Juan Bautista im historischen Ortskern der Stadt Arucas an. Die imposante Fassade hat mich bei meinem Besuch auf den Kanaren fast umgehauen. Erbaut wurde der Bau im neoklassischen Stil zwischen 1909 und 1977. Von vielen Menschen wird die Kirche auch als Kathedrale von Arucas aufgrund ihrer einzigartigen und beeindruckenden Fassade genannt. Kein Wunder, da sie damit von außen eher wie eine Kathedrale als eine Kirche wirkt.

Weiter geht es in der Reise der Kirchen zu der Basilica de Nuestra Senora del Pino. In Gegensatz zur Kirche San Juan Bautista wirkt diese Kirche viel kleiner und nicht mehr ganz so imposant. Die Basilica befindet sich im historischen Ortskern der Stadt Teror. Sie wurde im gotischen und neoklassischen Stil erbaut. Für die Einwohner der Insel stellt die Basilica de Nuestra Senora del Pino einen Pilgerort dar. In der Kirche befindet sich der Schutzheilige der Insel Gran Canaria, die Virgen del Pino.

Einen weiteren imposanten Bau stellt die Catedral de Santa Ana dar. Sie wurde zum kunsthistorischen Denkmal von nationalem Interesse erklärt. Somit stellt sie die wichtigste Kirche der ganzen Insel dar. Erbaut wurde die Catedral in verschiedenen Baustilen unter anderem im gotischen und neoklassischen Stil. Diese beiden Stile überwiegen bei dem Bau sichtlich. Wer sich die Catedral de Santa Ana zu Gemüte führt, sollte sich dazu entscheiden, den Glockenturm zu erklimmen. Dort oben angekommen, wird man mit einer wunderbaren Aussicht auf die Plaza de Santa Ana belohnt. Weit erstreckt sich der Blick vom Glockenturm über die Dächer der Stadt.

Weiter geht es zu einigen der schönsten Gebäuden auf Gran Canaria, die es zu bewundern gibt. Beginnen möchte ich dort mit der Villa de Agüimes. Eines der schönsten historischen Zentren befindet sich in Agüimes. Die Häuser mit ihren

Felsenfassaden und Kalk verkörpern die traditionelle Architektur der Insel. Beim Schlendern durch die Straßen gibt es sehr viele Figuren und Statuen zu entdecken, welche die Stadt schmücken. Eine dieser Figuren ist die des Kamels, die wohl bekannteste Figur von Agüimes.

Die meistbesuchte Stadt von Gran Canaria stellt wahrscheinlich die Stadt Teror dar. Das historische Zentrum besticht hier mit den Fassaden von zweistöckigen Häusern. Die Holzbalkone heben sich bei dieser traditionellen kanarischen Architektur ab. Ein weiteres architektonisches Highlight bietet die Barrio de Vegueta. Das historische Stadtzentrum entsprang Las Plamas de Gran Canaria. Ihren Ursprung hat das Stadtzentrum in der Zeit der Eroberungen Ende des 15. Jahrhunderts durch die spanische Krone. Durch die Straßen zu spazieren, lohnt sich nicht nur wegen der Plaza de Santa Ana mit der imposanten Kathedrale, sondern auch wegen der Rathäuser zu beiden Seiten. Witzig ist die Statue eines Hundes, mit dem das ein oder andere witzige Selfie gemacht werden kann.

Gran Canaria selbst verfügt über mehrere Stauseen und Staudämme. Bei einer Rund-Tour über die Insel dürfen einige dieser riesigen Talsperren auf keinen Fall fehlen. Zu den schönsten und atemberaubendsten Stauseen zählt hierbei der Presa de Soria. Der See ist friedlich eingebettet von Palmen in einem traumhaften Tal. Zu sehen sind einige der Palmen sogar im Wasser. Vor Ort am Stausee erlebt man wahrlich die einzigartige Natur pur. Daneben folgt der Embalse de Chira und der Embalse de la Cueva de las Ninas.

Die vier schönsten Hotels

SEASIDE GRAND HOTEL RESIDENCIA

Das Hotel ist umgeben von einer wunderschönen Parkanlage. Umsäumt von Palmen liegt das Hotel Seaside Grand Hotel Residencia in der Gemeinde von San Bartolomé de Tirajana südlich von Maspalomas und deren Dünen.

Die Hauptstadt der Insel Las Palmas ist in gerade einmal 45 Minuten mit dem Auto erreichbar und der Flughafen ca. 38 Kilometer entfernt in nordöstlicher Richtung.

Erbaut wurde das Hotel im spanischen Kolonialstil. Das fünf Sterne Luxushotel bietet Raum für 94

Zimmer. Diese sind in traumhaften zweistöckigen Mini-Villen unterteilt. Für das persönliche Verwöhnprogramm außerhalb der eigenen Villa im Hotel sorgt ein umfangreicher Wellness- und Spa-Bereich. Wer lieber ausreichend Bewegung bevorzugt, kann die wenigen Minuten auch zum Strand laufen.

Das Essen im Hotel ist nicht nur erstklassig, sondern kommt einer Gourmetküche nach. Eine Nacht im Doppelzimmer ist ab 400 Euro möglich – typisch fünf Sterne eben.

SHERATON SALOBRE GOLF RESORT

Ein weiteres fünf Sterne Hotel ist die Hotelkette Sheraton Salobre Golf Resort in San Bartolomé de Tirajana. Eigentlich ist dieses Domizil auf Business-Reisen spezialisiert.

Kein Grund sich abschrecken zu lassen. Zwischen vier verschiedenen traumhaften Pools kann sich der Besucher des elfstöckigen Resorts entscheiden. Zu empfehlen ist vor allem der Rooftop-Pool. Daneben lädt der Spa-Bereich mit den zwei Saunen zum Verweilen ein. Golfliebhaber können selbstverständlich vor Ort die Zeit zum Golfen nutzen. Jedes einzelne Zimmer überzeugt neben einer modernen

Einrichtung mit dem Blick über die palmen- und kakteenumsäumte Berglandschaft. Eine Nacht im Deluxe-Zimmer ist bereits ab 145 Euro buchbar. Die Präsidentensuite beginnt dagegen am 600 Euro pro Nacht.

Insider-Tipp: Wer sein Bett im Urlaub nie wieder verlassen möchte, sollte unbedingt die balinesichen Betten im elften Stockwerk testen.

CORDIAL MOGÁN PLAYA

Mit vier Sternen wartet das Luxushotel Cordial Mogán Playa auf. Dieses ist nahe des Ortskerns von Puerto de Mogán eingebettet inmitten der mediterranen Architektur. Überzeugen tut das Hotel mit seiner ruhigen Lage und einem einzigartigen exquisiten Service.

Der Strand liegt gerade einmal 1,6 Kilometer weit entfernt und ist somit leicht zu Fuß erreichbar. Wer nicht gerade der Strandtyp ist, kann einen der beiden Außenpools am Hotel zum Schwimmen benutzen oder sich auf einer der zahlreichen Liegen sonnen – inmitten von vielen Palmen natürlich.

Eine Nacht im Doppelzimmer inklusive Frühstück kostet im Cordial Mogán Playa ab 200 Euro.

VIVERDE LAS TIRAJANAS

Ein rostrotes Hotel in 900 Metern Höhe – genau das bietet die Viverde las Tirajanas. Auf einem Felsplateau bietet die Unterkunft einen wunderbaren Ausblick auf das Landesinnere von Gran Canaria. Das 60 Zimmer umfassende Hotel zeichnen warme Farben und ganz viel Holz aus.

Vom Flughafen trennt die Unterkunft gerade einmal 35 Kilometer. In einen Lavafelsen integriert, wurde das hauseigene Spa. Es bietet neben einem Schwimmbecken, eine Sauna und diverse Beauty-Behandlungen an. Die umliegende Natur eignet sich für aktivere Menschen ideal zum Wandern oder Radfahren.

Eine Nacht im Doppelzimmer ist bereits ab 99 Euro erhältlich.

Die besten Restaurants

RESTAURANT MONACO STEAK HAUS

Das Restaurant ist in Puerto Rico an der Playa de Amadores zu finden. Highlights des Restaurants sind die Steaks in verschieden Varianten – klassisch für ein Steakhaus. Aber nicht nur die Steak-Gerichte überzeugen, sondern auch der Fisch. Gerade frischer Fisch mit Reis und Salat stellt eines der Highlights des Restaurants dar.

Die Mitarbeiter des Services überzeugen durch ein freundliches und zuvorkommendes Auftreten. Dennoch kann das Personal durchaus ein bisschen verrückt wirken. Eine gute Witzelei in Kombination mit dem Chateaubriand stellt den absoluten Traum dar. Das Monaco Steak Haus bietet neben sehr gutem Essen eine absolute Traumlage. Die Strandlage bietet eine atemberaubende Kulisse an. Romantik pur bei einem Abendessen zum Sonnenuntergang.

Der Preis passt zu dem angebotenen Service, dem Ausblick und vor allem zur Qualität des Essens.

CASITO MEDITERRANEO

Wer in Puerto Mogán zu Gast ist, sollte einen Abstecher in das Casito Mediterraneo machen. Das ganze Ambiente und das Konzept vermitteln dem Gast ein hervorragendes Gefühl.

Highlights stellen die einfallsreichen vegetarischen Vorspeisen dar. Diese stellen den perfekten Vorgeschmack auf wirklich exzellente Speisen dar. Abgerundet wird das Essen mit einem super freundlichen Personal und gutem Service. Auch die Lage ist einfach grandios und überzeugt mit einer Gemütlichkeit, die zum Verweilen einlädt.

> Kleine Warnung: Wer sich entschließt, im Casito Mediterraneo zu Speisen, sollte genügend Geld einstecken. Das Restaurant zählt zu den teuersten auf der ganzen Insel Gran Canaria. Geld ausgeben ist hier keine Kunst, aber das gute Essen und der Service macht dieses wieder wett.

QUE TAL BY STENA

Ein französisches Restaurant auf Gran Canaria? Ja gibt es: Das Que Tal By Stena in Puerto de Mogán überzeugt mit guter französischer, aber auch typisch kanarischer Küche. Dabei liegt das kleine, aber feine Restaurant ganz in der Nähe eines mit einem Michelin-Stern ausgezeichneten Gourmet-Tempels. Ein Besuch wird belohnt mit erfinderischen und kreativ gestalteten Tellern. Damit wird jedes Essen zu einem Abenteuer und zu einem absoluten Unikat.

Die Speisen basieren hauptsächlich auf lokalem Fleisch, Fisch, Gemüse und Wein. Gerade beim Weinangebot sind einige außergewöhnliche Variationen mit dabei.

Der Service ist ebenso wie bei den bereits genannten Restaurants hervorragend und genauso familiär wie die Atmosphäre vor Ort. Dadurch fühlt sich der Besucher sehr schnell sehr heimisch und kann den Ort wirklich leben. Allerdings bietet das Restaurant nur ein Menü an. Das bedeutet, bitte pünktlich um 20 Uhr da sein und vorab einen Platz reservieren.

WAPA TAPA

Wer Tapas liebt, ist hier genau richtig. Ein kleines und sehr intimes Tapas-Restaurant im Herzen des Yumbo-Zentrums im schönen Playa del Inglés überzeugt mit frischen und typisch spanischen Tapasgerichten. Dabei bietet das Restaurant seinen Besuchern eine einfallsreiche Mischung aus hochwertigen internationalen und spanischen Tapas. Dazu kann zwischen einer ausgewogenen Auswahl an spanischen Weinen ausgewählt werden.

Falsch kann mir hier nicht viel machen. Jedoch sollte bei der Auswahl des Gerichts etwas vorsichtig agiert werden, da einige sehr reichhaltig sind und diese ausbalanciert werden müssen. Wapa Tapa wird von vielen nur noch als erstaunlich bezeichnet. Begonnen bei den nicht übereinstimmenden Tellern über eine sehr entspannte und familiäre Atmosphäre bis hin zu den hochwertigen Speisen und Getränken gehen locker einmal vier bis fünf Stunden für ein gemütliches Abendessen ins Land.

Unbedingt vorher einen Tisch reservieren, da hier stets sehr gutes Essen serviert wird. Neben dem durchaus sehr freundlichen Manager des Restaurants überzeugt auch das Personal mit einem tollen Job und gutem Service.

SUNSET BAY

Nur gerade einmal zwei Minuten vom Strand entfernt in Maspalomas befindest sich in einer traumhaft schönen Lage das Sunset Bay. Der steile Aufstieg die Straße hinauf lohnt sich trotzdem allemal. Einfaches, aber gutes Essen zu einem günstigen Preis mit einem glücklichen und netten Personal – was will der Besucher mehr?

Die Aussicht auf den Strand und das Meer bietet gerade während des Sonnenuntergangs eine romantische und entspannte Stimmung. Der Besucher wird sogar sehr herzlich vom Besitzer persönlich begrüßt. Eine Geste, welche heutzutage leider viel zu selten vorzufinden ist.

Anreise, Abreise und Reisen

FLUGHAFEN

Der einzige Flughafen der Insel Gran Canaria liegt im Osten direkt an der Küste. Die Entfernung zur Hauptstadt Las Palmas beträgt rund 20 Autominuten, also ca. 25 Kilometer und wird aufgrund dieser vergleichsweise kurzen Entfernung gerne als Flughafen Las Palmas bezeichnet. Verbunden wird der Flughafen über die Küstenschnellstraße GC-1 mit der Inselhauptstadt.

Diese Straße verbindet zudem den Flughafen mit allen Touristikzentren an der Südküste. Damit ist die Verkehrsanbindung zu den Touristen-Hochburgen perfekt geregelt. Ein Flughafentransfer wurde extra für die An- und Abreisenden der Insel eingerichtet. So dauert eine Transferfahrt vom Flughafen Gran Canarias nach Maspalomas ca. 20 Minuten (30 Kilometer) und nach Puerto Rico gerade einmal 30 Minuten, also ca. 40 Kilometer.

Ideal sind diese verhältnismäßig geringen Transfers auch für Familien mit Kindern, die froh sind, nicht lange im Bus sitzen zu müssen.

Verkehrsmöglichkeiten

Am Flughafen von Gran Canaria besteht bereits die Möglichkeit, einen Mietwagen zu nehmen. Neben Europcar, Sixt, Hertz und Avis-Budget sind dort noch andere Leihwagenhändler vor Ort anzutreffen. Voraussetzung für eine Benutzung des Leihwagens ist ein Mindestalter von 21 Jahren. Vorher darf mit dem Auto nicht über die Straßen gebrettert werden.

Neben der Möglichkeit, sich ein Auto zu mieten, kann ein Taxi an zwei Taxiständen direkt am Flughafen gebucht werden. Natürlich besteht auch für Ausflüge die Möglichkeit, sich ein Taxi zu nehmen. Aber hier besteht höchste Vorsicht: Die Taxis gehören den einzelnen Kommunen an und dürfen ihre Kunden nicht in eine andere Kommune fahren. An der Dachfarbe bemerkt man sofort, wo sie herkommen. So steht Rot für Playa del Inglés oder Grün für Puerto Rico beziehungsweise Mogán.

Im Gegensatz zu Deutschland dürfen Taxis auf Gran Canaria sofort den Taxameter starten, sobald sie gerufen werden. So startet eine Fahrt möglicherweise nicht bei 0 €.

Eine weitere Möglichkeit, bequem von A nach B zu kommen, ohne selbst ans Steuer zu müssen oder Angst zu haben, wegen Kommunenüberschreitung ausgesetzt zu werden, ist die Nutzung von lokalen Bussen. Die Insel überzeugt mit einem sehr gut funktionierenden Busnetz. Einzige Herausforderung ist es, den richtigen Bus zu erwischen. Fahrpläne hängen an den allermeisten Busstationen zwar aus und somit ist ersichtlich, wann der nächste Bus kommt, jedoch ist nicht sichergestellt, ob die Busnummer wirklich an den Ort fährt, an den man gerne hinmöchte.

Wer also die Insel gerne einmal von einer anderen Seite kennenlernen möchte, sollte sich einfach in einen Bus setzen, bis zur Endstation fahren und in den nächsten Bus umsteigen und so weiter und so weiter, bis er irgendwann wieder dort ankommt, wo er eingestiegen ist. Auf diese Art und Weise bekommt man sicherlich sehr viel von der Insel zu sehen. Ich selbst habe das Reisen von A nach B mit dem Bus genutzt und es war wirklich eine Herausforderung, auch wirklich da anzukommen, wo man hinmöchte. Aber die Reise mit dem Bus empfand ich als viel angenehmer, als selbst über die kleinen Straßen und engen Kurven mit dem Auto fahren zu müssen.

Wer auf der sicheren Seite sein möchte, geht einfach zu Fuß – zumindest bis zu den beliebten und teilweise sehr nahe gelegenen Nachbarstädten. Für gerade einmal 2 - 5 Kilometer muss schließlich nicht immer mit dem Bus oder Auto gefahren werden. Zur Not einfach ein Rad ausleihen und damit die Insel erkunden.

Insider-Tipp: Reisen über die Insel
Nachdem ich spontan die Reise auf die Kanaren angetreten bin, wollte ich persönlich nicht nur einen reinen Badeurlaub auf Gran Canaria verbringen. Vielmehr interessierten mich das Leben der Bewohner und einige bekannte Städte wie das kleine Venedig. Selbst zu fahren, kam jedoch nicht infrage und mit dem Bus zu unbekannten Orten, mit der Möglichkeit, nicht so leicht wieder zum Hotel zu finden, kam auch nicht immer infrage.

Deshalb nutzte ich persönlich das ein oder andere Angebot des Hotels, dort angebotene Tagesausflüge mitzumachen. Diese waren auf einen Kleinbus beschränkt, wodurch die Inseltour harmonisch und ohne viel Stress verlief. Perfekt war auch, dass es sich dabei um eine rein deutschsprachige Gruppe handelte. Dadurch erhielten wir während der Fahrt einige interessante Details, Hinweise und Ratschläge für unsere Inseltour. Vor der Buchung gilt es jedoch, sich selbst genau zu überlegen, welches Abenteuer erlebt werden soll. Von einer Kulturreise über Abenteuertouren wird so gut wie alles angeboten.

Das Mittagessen ist zumeist inklusive und stellt häufig typisches kanarisches Essen dar. Damit kann man meines Erachtens schon nichts verkehrt bestellen. Was es noch zu beachten gilt, sind die Preise. Meine gebuchten Touren waren jeden Cent wert und das Preis-Leistungs-Verhältnis total in Ordnung. Dies ist aber leider auch nicht immer so, da einige Veranstalter einem gerne ohne großartige Leistung das Geld aus der Tasche ziehen.

Spezial-Tipp: Oftmals steht eine Inseltour neben viel Kultur und Besichtigungen auch in Verbindung mit einer Attraktion. Perfekt für Familien, da für jeden der gewisse interessante Programmpunkt mit abgehandelt wird. Bei mir war das eine Kombination aus verschiedenen Besichtigungen, während nach dem Mittagessen eine eigene Mojo-Sauce in Rot hergestellt wurde. Anschließend noch ein kleiner Kamelritt und meine Tagesreise war perfekt. Wirklich aufregend sind auch die angebotenen Quad-Touren für Menschen, die noch mehr Action bevorzugen. Eine Überlegung sind diese Tagesausflüge durchaus wert.

Tipps für den kleinen Geldbeutel

TAGESAUSFLÜGE BUCHEN

Wer nicht unnötig Geld ausgeben möchte, sollte auf den ein oder anderen angebotenen Tagesausflug zurückgreifen. Für einen Fix-Preis sind dort der komplette Eintrittspreis inklusive sowie das Mittagessen. Benzinkosten oder die Gebühren für das Anmieten eines Mietwagens fallen schon einmal weg. Für bereits wenig Geld bieten einige Anbieter richtig lukrative, informative und aufregende Tagesausflüge an. Auf die Ratschläge des Reiseleiters sollte jedoch geachtet werden, da in den Städten teilweise überteuerte Sachen angeboten werden.

VON A NACH B MIT DEM BUS

Da Gran Canaria über ein gut funktionierendes Bussystem verfügt, bieten sich Fahrten mit dem Bus an. Ich selbst kann dies durchaus empfehlen, wenn Geld gespart werden soll und die Reisezeit keine Rolle spielt. Wie bereits oben beschrieben, kann man sich auf Gran Canaria nie sicher sein, wirklich dort anzukommen, wo man wirklich hinwill.

Im Zuge dessen entdeckt der Reisende eventuell seine persönlichen Highlights durch einen Zufall beim Busfahren. Wer sich auf ein bestimmtes Ziel zu einer bestimmten Zeit konzentriert, sollte genügend Puffer für Fehlfahrten einplanen. Wer frühzeitig den ersten Bus nimmt, kommt mit Sicherheit rechtzeitig am gewünschten Ziel an.

Da eine Busfahrt preisgünstiger ist als eine Mietwagen oder gar ein Taxi, sollte lieber auf den Bus zurückgegriffen werden – schon alleine der Umwelt zuliebe.

STÄDTETRIP

Sich die schönsten und historischen Städte von Gran Canaria anzusehen, kostet in der Regel nicht viel Geld. Zum Mittagessen muss nicht immer in ein teures Restaurant gegangen werden. Viele kleinere sind deutlich preiswerter oder man gönnt sich nur einen Snack. In den Supermärkten kosten Getränke und belegte Brötchen nicht viel oder man packt sich vor der Tour einen Rucksack mit Verpflegung zusammen. Das erspart neben dem Geld auch ein unnötig langes Suchen nach dem perfekten Restaurant.

STRANDURLAUB

Wer sich sowieso lieber bräunen lässt, anstatt kulturell etwas zu erleben, nutzt einfach den Strand vor dem eigenen Hotel oder einen der nahe liegenden Strände. Diese sind kostenlos, außer Sonnenschirme und Sonnenliegen.

Die Sonnenliege ist nicht immer notwendig, da eine Decke oder ein Strandtuch zum Draufliegen und Bräunen lassen vollkommen ausreicht. Ist man mit der Familie unterwegs, eignet sich ein Ball oder sonstiges mitgebrachtes Sandspiel ideal als Beschäftigung neben dem Baden im Meer. Das Highlight für jedes Kind stellt sowieso der Bau einer eigenen Sandburg dar. Diese kostet den Eltern bis auf das Strandspielzeug keinen Cent und mach obendrein der ganzen Familie Spaß.

WANDERUNGEN

Gran Canaria und ihre Sehenswürdigkeiten stellen die ideale Bedingung für die ein oder andere große oder kleinere Wanderung dar. Rucksack packen samt Essen und Trinken und los geht es auf einem der ausgeschilderten Wanderwege quer durch das Inselinnere oder von einer Stadt zur nächsten der Promenade entlang. Schlechtes Wetter sucht Gran Canaria nur sehr selten heim. Die besten Voraussetzungen, sich einmal mehr in Bewegung zu setzen. Zu entdecken gibt es genügend.

SOUVENIRS

Der letzte Tipp zum Geld sparen stellt der Souvenir-Kauf dar. Ja, ich selbst bringe mir immer eine Kleinigkeit mit. Das muss nicht immer ein Highlight aus einem der zahlreichen Souvenir-Shops sein. Vielleicht einfach einmal einen kleineren Laden in einer Seitenstraße nach einem geeigneten Souvenir durchsehen. Oder das Herunterhandeln probieren. Dies funktioniert in den Touristen-Hochburgen ganz gut, da jeder seine Produkte an den Mann beziehungsweise an die Frau bringen möchte.

Packliste

Geld & Finanzen

O (evtl.) Auslandswährung
O Bargeld
O Bauchtasche
O Brustbeutel
O Bauchtasche
O EC-Karte
O Kreditkarte
O Notfall-Telefonnummern der Banken
O Portmonee

Hygiene

O Haarbürste / Kamm
O Deo (klein)
O Shampoo
O Kulturtasche
O Sonnencreme
O Taschentücher

O Reise-Zahnbürste und Zahnpasta
O Verhütungsmittel

Kleidung

O Badeklamotten
O Gürtel
O Hosen kurz / lang
O Mütze / Cap / Hut
O Pullover
O Regenjacke
O Schlafanzug
O Socken
O Sonnenbrille
O Sportklamotten / Jogginghose
O T-Shirts
O Unterwäsche

Medikamente

O Blasenpflaster
O Anti-Durchfalltabletten
O Erste-Hilfe-Set

O Fiebertabletten

O Fiebertabletten

O Mückenschutz

O sonstige Medikamente

O Pflaster

O Kopfschmerztabletten

Unterlagen & Papiere

O ADAC Unterlagen

O Adresslisten für Postkarten

O Krankversicherungsnachweis

O Stadtplan

O Führerschein

O Unterlagen für die Unterkunft

O Wasserdichte Hülle für Reiseunterlagen

O Impfausweis

O Mietwagenunterlagen

O Personalausweis

O Reisepass

O Reisetagebuch

O evtl. Studentenausweis

O evtl. Visum
O Zug- / Bahn- / Flugticket

Taschen & Rucksäcke

O Koffer / Trolley / Reisetasche
O Regenhülle für Rucksack
O Rucksack

Schuhe

O Badeschlappen / Hausschuhe
O Schuhe und Wechselschuhe

Sonstiges

O Brille / Kontaktlinsen und Etui
O Buch zum Lesen
O Ohrenstöpsel und Schlafmaske
O Regenschirm
O Reisedecke
O Wasserflasche
O Wörterbuch

Elektronik

O Digitalkamera
O Handy
O Ladekabel
O Kopfhörer
O evtl. Steckdosenadapter
O Power-Bank

Herstellung und Verlag:

BoD – Books on Demand, Norderstedt

ISBN: 9783752606201

Kontakt: Psiana eCom UG/ Berumer Str. 44/ 26844 Jemgum

Covergestaltung: Fenna Larsson

Coverfoto: depositphotos.com